卷首语

这又是姗姗来迟的一辑。八十多年前的长城抗战是“九一八”以来中国军队在华北进行的第一次大规模抗击日寇的战役，震动全国，各界纷纷组成慰问团前往劳军。专题《1933，慰问长城抗战伤兵之旅》以翔实的历史影像，介绍了陈维新率领军委会伤兵视察团对长城抗战伤兵开展的一系列慰问活动。《约园杂议》则以一个老人自己拍摄的影像串联起六七十年前约园岁月的回忆。

《风雨同声悲陆沉——记正声诗词社》介绍了抗战后期成立于成都的一个学生社团。

《川江上的西山钟楼》介绍了长江沿线唯一的独立钟楼。《中苏友好大厦》和《中苏友好大厦设计亲历记》介绍了上海重要地标的设计和建设过程。

《江湾老宅忆旧》回忆了童年的一段生活，“八一三”的战火使这一切都飞灰湮灭了。《八千里路云和月》提供了一个百岁老人的抗战记忆。《援建坦赞铁路亲历记》则以亲身经历和现场影像回顾了四十年前在东非的那项援外工程。

《首位为抗日牺牲的外籍飞行员》是本刊发表萧特葬礼以后引来的读者反馈，详细介绍了这位美国英雄的事迹。《追思先父臧启芳》介绍了1949年去台，曾任东北大学校长十年的臧启芳的一生行止。《姥姥琐忆》记录了一个普通家庭几十年的变迁。

七十年前的抗战胜利，是中华民族历史的重大转折点。《太和殿受降，见证古都北平伟大荣耀》为这段历史留下一个小小的切片。

六十年前的长春一汽，新中国第一辆国产汽车下线，喜讯立即传遍全国，成为国家工业发展的重要里程碑。《新中国第一辆国产汽车出厂》记录了那个重要瞬间。

《赵元任日记里的中国科学社常年会》和《1947年胡文虎的平津之行》分别介绍了中国科学社早年的一些活动，以鲜活的历史影像，呈现了中国早期科学史上的重要活动场景，以及万金油大王胡文虎亲临平津的一段往事。

图书在版编目(CIP)数据
《民间影像》(第七辑)/《民间影像》编委会编.
上海：同济大学出版社，2017.1
ISBN 978-7-5608-6519-5
Ⅰ.①民… Ⅱ.①民… Ⅲ.①社会生活－史料－中国 Ⅳ.①D669
中国版本图书馆CIP数据核字(2016)第209181号

《民间影像》(第七辑)
出版策划 萧霏霏(xff66@aliyun.com)
责任编辑 陈立群(clq8384@126.com)
视觉策划 育德文传
装帧设计 昭 阳
电脑制作 宋 玲 唐 斌
责任校对 徐春莲

出 版 同济大学出版社www.tongjipress.com.cn
发 行 上海市四平路1239号 邮编 200092 电话021-65985622
经 销 全国各地新华书店
印 刷 上海丽佳制版印刷有限公司
成品规格 170mm×213mm 256面
字 数 280000
版 次 2017年1月第1版 2017年1月第1次印刷
书 号 ISBN 978-7-5608-6519-5
定 价 58.00元

目录

1933，慰问长城抗战伤兵之旅

胡 剑

在河北省迁西县长城抗战旧址的“喜峰口长城抗战纪念碑”上，记载着当年的英雄壮举：“公元一九三三年初，日军侵占热河，进逼平津，长城抗战全面爆发。宋哲元所部国民革命军第二十九军临危受命，开赴喜峰口一线，据险抗敌。三十七师师长冯治安、三十八师师长张自忠亲临前沿，指挥督战；一零九旅旅长赵登禹身先士卒，裹伤陷阵。全军将士挥舞大刀，浴血拼杀；关内民众舍生忘死，奋勇支前。硝烟弥漫，日月因之失色；刀光闪烁，倭寇为之胆寒。自三月九日起，战数昼夜，毙敌五千余。日酋哀叹：‘明治大帝造兵以来，皇军荣誉尽丧于喜峰口外！’”

长城抗战是“九一八”事变以后，中国军队在华北地区进行的第一次大规模抗击日本侵略者的战役。喜峰口之战对骄横狂妄的日寇给予了沉重打击，鼓舞和坚定了全国人民的抗日决心。从此，29军大刀队名震天下，成了抗战初期中华民族抵御外侮的英雄偶像。自中国军队在长城喜峰口等处与敌鏖战以来，震动全国，社会各界纷纷组成慰问团前往劳军。

国民政府军事委员会也专门成立了伤兵视察团，由黄仁霖任视察团团长。黄仁霖(1901～1983)江西安义人，早年留学美国，回国后经孔祥熙介绍，被蒋介石任命为黄埔同学会励志社总干事。抗战爆发后，黄仁霖出任战地服务团团长和伤兵视察团团长。励志社的总部设在南京，北平励志分社实际上是伤兵视察团在北平的办事处。在长城抗战的紧张时刻，黄仁霖奉命组织伤兵视察团，到华北战场古北口、喜峰口、罗文峪等处，慰劳参与长城抗战的受伤官兵，分发犒赏金和慰问品，这对激发抗日爱国官兵的士气发挥了积极作用。

这次慰问活动，由黄仁霖委托伤兵视察团宣传部主任陈维新全权负责。陈维新

(1875～1955)原名朝左，字甫三，别号博爱山人，四川省苍溪县人氏。光绪十八年(1892)，陈维新到西安投奔担任牧师的叔父陈瑞志，自此开始信奉基督教。宣统时期，他被聘为中国基督教青年协会成都分会交际干事，创办孤儿院。民国初年，任成都万国红十字会名誉总干事、中国基督教自立会成都分会会长。1915年，任上海中国基督教青年协作交际会主任。1917年，任中国驻欧洲华工“五育”(即以德、智、体、群、美教育华工)干事。第一次世界大战结束后，陈维新随同中国代表王正庭赴凡尔赛出席巴黎和会。会后，游历欧美13国，期间在英国结识了冯玉祥将军。回国后，任成都商务印书馆经理。1926年，任河南开封市市长兼国民党中央政

1933年5月，伤兵视察团团长黄仁霖(左一)与副团长高大经在北平办事处

1933年5月，伤兵视察团宣传部主任陈维新(前中)与团长黄仁霖(后左一)、副团长高大经(后左二)等在北平合影

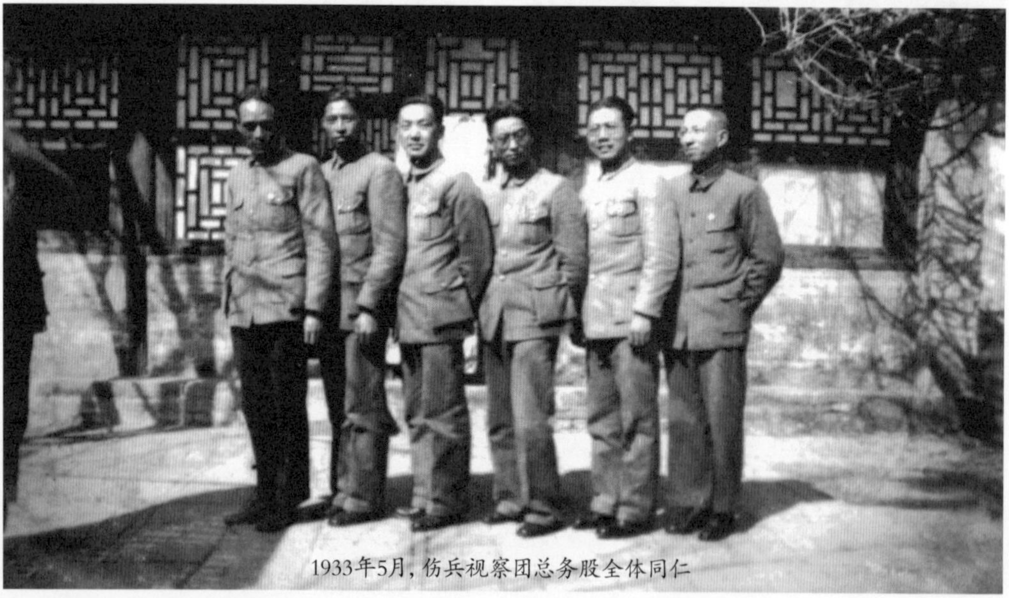

1933年5月，伤兵视察团总务股全体同仁

1933年5月，伤兵视察团服务股全体同仁

1933年3月，陈维新(前排右一)率伤兵视察团成员从北平出发

1933年3月，陈维新(前)在通州后方医院看望受伤的29军抗战官兵

1933年3月，通州后方医院院长郭连城(正面前排穿中山装者)及该院各医务人员合影

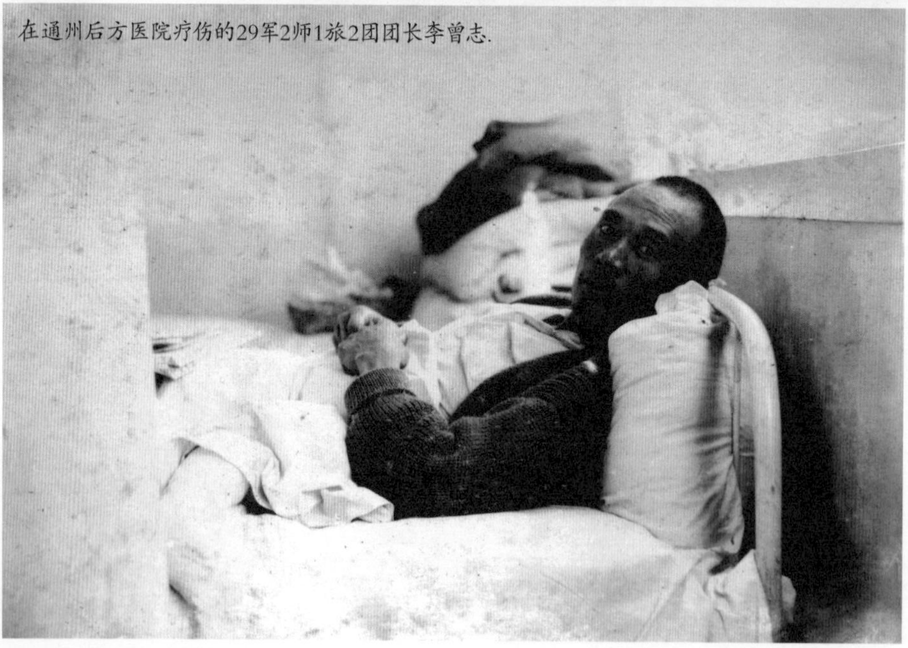

在通州后方医院疗伤的29军2师1旅2团团长李曾志.

1933年3月，伤兵视察团成员离开通州后方医院

伤兵视察团成员途经蓟县时在慈禧陵前大殿参观

治委员会开封分会秘书长。1933年，任励志社总务组长、黄河赈灾委员会主任。同年3月，国民政府军事委员会任命具有资深基督教背景的陈维新，担任伤兵视察团宣传部主任。

在基督教教义中，治病救人、捐赠和救助等是主要义务。特别是自“九一八”事变以后，为救护负伤的抗战将士，我国的广大基督教徒除参与救护队外，还设立了伤兵医院，对伤兵服务不辞劳苦，尽心竭力，开展了卓有成效的救助活动。有的地方直接把教会医院改为伤兵医院，用主要力量来救护伤兵。为了收容更多的伤兵，有的甚至把教会学校也改为临时伤兵医院，让学生也参与救护伤兵或从事一些辅助性工作。陈维新是一个虔诚的基督徒，伤兵视察团团长黄仁霖委托他率队慰劳长城抗战伤兵，显然是经过周密考虑而刻意为之。

1933年3月中旬，陈维新轻车简从，率领伤兵视察团总务股、服务股工作人员一行5人，从北平出发，经通州、蓟县、迁西、遵化、延庆、张家口、太原、榆次、阳泉、顺德(邢台)、保定，于5月中旬重返伤兵视察团驻北平办事处。所到之处，视察团成员在陈维新的带领下，对长城抗战伤兵开展了一系列的慰问活动。

在通州后方医院，陈维新向医院院长郭连城详细了解了伤兵人数和治疗情况，看望了身在病床却仍然牵挂前线战况的29军2师1旅2团团长李曾志。李曾志，河南省漯河市郾城县李湾人。他是冯玉祥西北军的旧部，也是宋哲元29军的一员虎将。李曾志身材高大、体格键壮、勤于习武，其刀术极为精湛。在长城抗战中，李曾志腿部负伤后，仍在火线坚持指挥，所部击退敌人数次进攻，仅伤亡的日军大尉以上军官就有8人。因长城抗战一战成

1933年3月，长城喜峰口段及防御工事状况

1933年3月，陈维新(右二)等与29军38师112旅旅长黄维纲(中)在潵河桥合影

名，李曾志获得“青天白日勋章”，后升任第143师师长、调任第29师师长，一直在前线与日军作战。抗战中期，他奉命进入敌后开展游击，因环境恶劣缺少药品，李曾志在长城抗战时的旧伤复发，于1942年去世。

离开通州后方医院，陈维新一行又前往蓟县伤兵医院，然后经迁西到遵化，视察了喜峰口、潵河桥、罗文峪一线的防御工事。

喜峰口位于河北省迁西县与宽城县接壤处，是燕山山脉东段的隘口，关于喜峰口的来

1933年3月，陈维新(左二)等与29军军长宋哲元(左三)在迁西县合影

历，相传古时兵荒马乱的年代，有一戍边士卒远征多年未归，其父四处寻觅，父子相逢于山下，相拥狂笑，喜极而亡，后葬于此处，当地百姓称此地为“喜逢口”，讹称为“喜峰口”。明景泰三年(1452)，朝廷在此筑城置关。喜峰口分为关城和城堡两个部分，城堡坐落在群山包围的盆地里，关城建在城堡北面，三面临山一面靠河，由三道套城组成，关与关之间由坚固的石基砌墙连成一体。喜峰口呈“凹”字形，每隔1000米左右，便耸立着一座烽火台，是长城的重要关隘。

罗文峪，又称罗文峪口，也是万里长城上的一处重要关隘，位于河北遵化。据史料记载，罗文峪口建于明洪武间(1368～1398)。罗文峪关口狭窄，宽度只有4米左右，易守难

29军部分指挥官韩占元(右二)李文田(中)张樾亭(左二)刘燕泉(左一)等在迁西县合影

1933年3月,伤兵视察团成员在长城喜峰口段上

1933年3月，被日机炸毁的滦河桥民房

29军守护的罗文峪阵地一角

1933年3月，伪兵视察团成员在长城罗文峪段视察

遵化的老百姓在为抗战部队挖掘战壕

國立清華大
抗日救国會
修路隊

清华大学抗日救国会修路队在遵化集结

1933年3月，陈维新(中)在遵化美以美会汇文学校与旧友全绍武、宋如海合影

攻。关城紧靠长城城墙，在关口处有长城主城墙和支墙形成的套城。这段长城除中间有300多米长的砖墙外，其余均为石墙，部分地段的城墙外侧有箭孔和瞭望孔。

陈维新一行登上激战后的喜峰口和罗文峪，举目所见，长城上的城墙及烽火台，多处在日军的炮火中遭受重创，到处弹痕累累，遍地碎石断砖，特别是潵河桥周边的许多民房，都在日机的狂轰滥炸中变成废墟。但坚守长城的抗战官兵们依然士气高昂，当地百姓也没有被日寇的野蛮轰炸所吓倒，他们正和抗战官兵一道，夜以继日地开挖战壕、修复工事。

在潵河桥，29军38师112旅旅长黄维纲，向陈维新讲述了近期长城抗战的经历和潵河桥至罗文峪一线的守备情况。黄维纲(1897～1943)，字震三，

1933年3月，伤兵视察团成员林钟两同志在延庆青龙桥詹天佑塑像前合影

延庆青龙桥火车站

1933年3月，陈维新(中)等伤兵视察团成员在延庆县康庄火车站

号雨辰，河南项城人，曾任29军38师223团团长，长城抗战时期任112旅旅长。黄维纲以作战勇敢，指挥若定，赢得军中同仁的赞赏。长城抗战时，他率部攻击喜峰口及其左侧孩儿岭，遭到日军猛烈阻击。他赤膊上阵，指挥战士反复冲杀，并在战况不利的境况下，令士兵烧掉撤退的木桥，以示血战到底的决心。“七七事变”之后，38师扩编为59军，黄维纲任59军38师师长，张自忠将军牺牲后他继任59军军长。1943年8月3日，黄维纲病逝于湖北南漳抗日前线，终年46岁。

在此期间，陈维新一行还拜会了29军军长宋哲元，进一步了解长城抗战官兵伤亡、受伤将士治疗以及前线的战况，并与他合影留念。同时，还会见了韩占元、李文田、张樾亭、刘燕泉等29军指挥官。李文田，河南浚县人，是29军的骨干将领之一。1932年4月，任

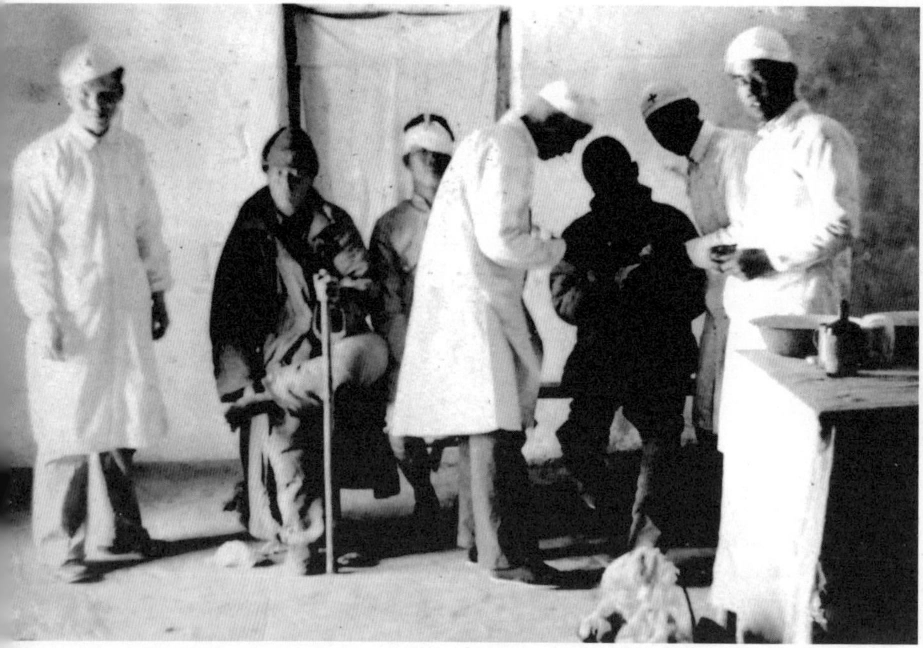

张家口医院的医护人员在给伤病员换药

29军38师参谋长，1933年3月，参加长城抗战，襄助师长张自忠指挥作战。他率部于喜峰口、潘家口、董家口等地与日军血战四昼夜，在付出重大伤亡的同时，获得较大战果，尤以喜峰口夜袭之战最为著名。1947年任第三绥靖区副司令长官，由于不愿打内战，1948年脱离军队任总统府参军(虚职)，1949年5月，辞职避居上海。上海解放后不久，李文田被军管会逮捕，1951年2月，李文田在镇反运动中被镇压，时年57岁。

途经河北遵化县时，陈维新一行遇见了正在集结的“清华大学抗日救国会修路队”的热血青年，他们立即用照相机拍下了这一珍贵的历史镜头。在“九一八”事变爆发后第二天，清华大学的学生就成立了“抗日救国会”，同时建议北平各大学召开学生代表大会，成立“北平学生抗日救国联合会”，统一和集中组织北平学生的抗日救国力量。长

1933年4月2日，各界代表在张

1军抗日受伤将士

1933年4月，陈维新(左二)与前任陕西省民政厅长邓长耀(右二)等在张家口图书馆合影

城抗战爆发后，清华大学抗日救国会马上又组成修路队，赶往前线支援工兵的工作。

陈维新在遵化县汇文学校，还意外地见到了多年前的两名旧友全绍武和宋如海。汇文学校是美以美会开办的一所教会学校，美以美会是美国的一个宗教派别。1784年12月24日，美国卫理公会在马里兰州巴尔的摩成立，以后经过数次分裂，形成美以美会、监理会、美普会、循理会和圣教会等。1844年，美国南北卫理公会因黑奴问题分裂，在南方的称监理会，在北方的则称美以美会。陈维新的旧友全绍武和宋如海，当时均在遵化县美以美会的汇文学校任教。

离开遵化后，陈维新一行来到延庆县的青龙桥火车站。青龙桥火车站是京张铁路上一个有名的车站，位于八达岭脚下。京张铁路为中国铁路之父詹天佑主持修建的第一条铁路，1905年9月动工，1909年10月通车。它连接北京丰台，经八达岭、居庸关、沙城、宣化等地至河北张家口，全长约200公里。陈维新原计划率伤兵视察团成员从青龙桥站乘坐

1933年4月，陈维新(左一)与伪兵视察团成员在太原火车站

1933年4月，陈维新(左一)与伪兵视察团成员途经山西榆次

陽

1933年4月，陈维新(前排右四)与伪兵视察团成员到达山西阳泉

1933年4月，陈维新(右二)与山西阳泉伤兵医院院长蒋浩如(左二)等合影

1933年4月30日，陈维新(站台上右一)在山西阳泉火车站为治愈归队的抗战官兵送行

火车前往张家口，由于当时青龙桥站至康庄站区间的线路出现问题，开往张家口的火车只能从康庄站发车，他们便骑着毛驴赶到康庄站。离开青龙桥火车站时，视察团中的两名成员为了不虚此行，特地在詹天佑塑像前合影留念。

当陈维新一行抵达张家口的时候，当地各界代表正在医院慰劳参与长城抗战的41军伤病员。41军系孙殿英所部。1933年2月，日军进攻热河，41军奉命援热。因55军汤玉麟部不战而逃，41军部署未定即与敌遭遇。在日军猛烈炮火下，41军伤亡惨重，官兵卧雪而战，多次打退日军进攻。与敌相持七昼夜后，孙殿英率117旅与日军展开血战，部队被分割包围，孙仅率数名卫士突围。日军随即进逼41军军

1933年4月，陈维新(右二)在山西阳泉与旧友合影

1933年5月，陈维新(前排右一)在顺德府(邢台)与第11后方医院负责人合影

1933年5月，陈维新(中)等在顺德府(邢台)火车站

1933年5月，伤兵视察团成员在保定公园留影

1933年5月，陈维新(中)在保定火车站与伤兵医院院长龚肇培(左一)等合影(图中儿童是在保定车站的流浪儿李连生)

军政部第五临时医院

陈维新(左二)在北平第一后方医院

部驻地围场，部队又与日军激战达六天之久。鉴于孤军作战之险，孙殿英不得不率部退往察哈尔，布防沽源、独石口一线。41军此次热河血战，与汤玉麟部的避战逃跑形成鲜明对比，得到了热河民众和全国各界的热情支援和高度赞誉。

在张家口，陈维新专程拜访了当年在西安结识的老朋友邓长耀，并与他一起在张家口图书馆门前合影留念。邓长耀(1881～1956)，字鉴三，天津市静海县人。光绪三十四年(1908)，邓与冯玉祥、商震等成立武术研究会。冯任军政要职后，先后委其为湖南省常德县、临澧县知事及绥远省民政厅厅长、陕西省民政厅厅长、陕西省政府代理主席等职。抗战时期，曾在张自忠的集团军中任顾问。抗战胜利后，邓长耀随冯玉祥隐居泰山，襄助其写回忆录。新中国成立后，任天津市政协委员。邓长耀从政期间经常徒步访贫问苦，了解民情施行善政。他饱学多才，善诗词、长书法，为政清廉，曾题大堂诗云："饮酒读书数十

1933年5月，在北平第一后方医院疗伤的长城抗战受伤官兵

北平第一后方救护医院

1933年5月，北平第一后方医院全体职员合影

年，乌纱头上有晴天。男儿欲上凌烟阁，第一功名不爱钱。”人们称颂他为“清官”。

与老友邓长耀话别之后，陈维新一行昼夜兼程、马不停蹄地经太原、榆次，来到了阳泉。阳泉位于山西省东部，从前阳泉市区有泉五处，常年涌漾，故称漾泉，后演绎为阳泉。阳泉是三晋门户，晋冀要冲，地处太原、石家庄的中间位置，具有承东接西、双向支撑的战略地位。长城抗战期间，阳泉设立的伤兵医院接收了许多伤病员。陈维新一行到达阳泉后，顾不上旅途的劳顿，就直奔伤兵医院面见了院长蒋浩如，并在蒋的陪同下前往每一个简陋的病房，查看伤病员的治疗情况，给伤病员逐一发放慰问金。怀着杀敌报国的满腔热情，许多伤病员刚刚治愈就要求重返前线，这期间，陈维新多次率视察团成员前往阳泉火车站，为治愈归队的抗战官兵送行。

按照既定的行程，陈维新一行于4月下旬在阳泉搭乘伤兵医院购买医疗用品的卡车前往邢台。邢台，简称“邢”，旧称邢州、顺德府，位于京津冀区域冀中南地区中心。抗战时期，国民政府军事委员会第11后方医院设在邢台。在邢台的慰问活动结束后，他们又乘火车经石家庄北上，于5月上旬抵达保定。保定伤兵医院院长龚肇培，将该院自长城抗战以来接收治疗和治愈归队的伤病员情况，向陈维新作了全面介绍，并陪同他们到伤兵医院的各个临时医疗点，看望慰问尚在住院的伤病员。

陈维新一行离开保定返回北平的时候，发生了一段有意思的小插曲。在保定火车站候车时，一个小男孩缠着陈维新，要玩一下他手中的文明棍。陈维新见这男孩挺可爱，就把文明棍交给他，小男孩接过文明棍，就像军人托枪一样，一边对着远方，一边眯缝着左眼，嘴里稚气地说道：“啪！啪！啪！打死日本鬼子！”经询问得知，这是一个来自河南的流浪儿，名叫李连生，一直在保定火车站乞讨为生。陈维新上车前，特地叫李连生蹲在站台旁的石头上，与前来送行的保定伤兵医院院长龚肇培一起，和这名小男孩留下了难忘的镜头。

从保定回到北平后，陈维新一行又先后到军政部第五临时医院和北平第一后方救护医院看望慰问伤病员。说到设立在北平美术学院内的北平第一后方医院，人们自然会想到杰出的爱国主义者——熊希龄的名字。熊希龄(1870～1937)，湖南湘西凤凰县人。1931年“九一八”事变后，全国掀起了抗日救亡运动。熊希龄与辛亥革命时担任四川大汉军政府副都督的朱庆澜等人，发起组织“中华民国国难救济会”，并致电张学良、冯玉祥等将领，请缨抗日，共赴国难。1932年2月12日，熊希龄发布《香山慈幼院通告》，在全院开展抗日救国总动员，他说："国若能救，虽死亦荣，一息尚存，誓当奋斗。本院平日既以爱国主义教育诸生，值此危时，岂能坐视。故于全国人民救国总动员之前，先为本院师生救国总动员。"为此，他组织院内200人为义勇军，开赴抗日前线；女性则加入红十字会救护队，在战区医院工作。1933年4月，他以北平红十字会的名义，设立北平第一后方医院，救护受伤的抗战官兵，又设公墓收葬阵亡军民。日军进犯长城，我军民奋起抵抗，激战于古北口、喜峰口等地时，熊希龄携长女熊芷一行，组织救护队，奔赴长城前线救死扶伤。1937年

1933年5月，陈维新(前排中)与伤兵视察团成员回到北平办事处后合影

12月25日，熊希龄在香港突发脑溢血逝世，国民政府为他举行了国葬仪式。

29军制作的“喜峰口罗文峪抗日战役受伤纪念章”

在北平第一后方医院，陈维新一行亲眼目睹了受伤的抗战官兵在这里得到了精心的治疗和周到的照顾。住院的伤病员对他们说，为了抗日，熊希龄先生60多岁了，既为我们开设医院，还亲自到前线救护伤员，我们伤好后，一定要早日重返抗战第一线！

1933年5月中旬，伤兵视察及慰问活动圆满结束，陈维新一行风尘仆仆地回到北平办事处。这次由官方组织的伤兵视察慰问活动，历时60余天，行程约2300多公里。在陈维新的政治生涯中，“国民政府军事委员会伤兵视察团宣传部主任”是他担任的最后职务，在战火硝烟中率队视察慰问长城抗战官兵，也是他人生履历中的重要章节之一。然而，作为一位虔诚的基督徒，陈维新显然无法长期适应当年的官场生态环境，20世纪30年代后期，已过耳顺之年的陈维新，命运发生了重大逆转。

1937年8月14日，陈维新在南京八卦洲为营救被关押的25位友人，被国民党南京宪兵司令部逮捕监禁，后经戴季陶、朱庆澜等友人保释方才出狱。此后，陈维新便回成都灌县养病，并与夫人陈湘石在灌县开办托儿所。1941年春，陈维新回到故里苍溪县作基督教代理牧师，同时创办初级小学一所，收贫民子弟入学，与其养女陈凤玉共同执教。陈维新对家乡人民疾苦深为关注，多次为家乡民工请愿、旱灾赈济、洪灾捐助等事宜面见四川省主席刘湘，或向社会呼吁。经德高望重的陈维新出面，苍溪县的许多问题都得到妥善解决，深得家乡人民爱戴。

新中国成立后，陈维新已年逾古稀。1952年，四川剑阁地委将他安置在苍溪县文化馆，同时被聘为四川省文史员。陈维新解放前虽曾任高官，但一生清贫，他勤于学习，酷爱金石，研攻书法，晚年致力于文史研究，于1955年去世，享年80岁。

风雨同声悲陆沉——记正声诗词社

张春晓

1942年冬，成都金陵大学五名学生成立了正声诗词社，沈祖棻、高文、程千帆、刘君惠、陈孝章等担任指导教师。社团较为频繁地活动至1947年10月，除了先后加入诗词社的14位学生社员，诸多前辈学人如林山腴、汪旭初、汪辟疆、沈尹默、庞石帚、萧中仑、程穆庵、陈寅恪、刘永济、谢无量、向仙乔、吴雨僧、潘重规等均曾在其刊物上发表作品。他们在五四新文学冲击下，共同寻求旧文学的生存发展之路，以师弟传承的方式，继承诗词雅正传统的同时赋予作品时代的内容，延续着忧国忧民士的精神。

正声始末

1942年春，程千帆、沈祖棻夫妇来到成都金陵大学执教，沈祖棻开设的词选课聚集了金陵大学、华西大学以及四川大学爱好诗词的学生。稳定的授课时间和循序渐进的练习为正声社的成立提供了契机，金陵大学中文系邹枫枰、卢兆显，国文专修科杨国权、池锡胤，农艺系崔致学等五名学生遂于是年冬创办了正声诗词社。1943年秋，杨国权于《八声甘州》小序中写道："成都西郊，有小阜曰琴台，故老流传，谓是司马长卿遗迹，杜老宝靥罗裙之诗所由作也。国战既起，就其地钻隧以避寇机，乃知其为前蜀主王建陵寝。中央研究院遂派人发掘经年，墓制遗物稍稍可睹。癸未秋初，与同窗诸子往游，庆符胡君、华阳邹君、三水卢君，既先后为诗文以纪其事，余更步梦窗韵成此阙，亦班孟坚所谓 怀旧之畜念，发思古之幽情也。"这正是诗词社草创成员活动的真实纪录。

1944年初，正声诸子相继出版了两期《正声》杂志。由于社员面临毕业，是年春天，

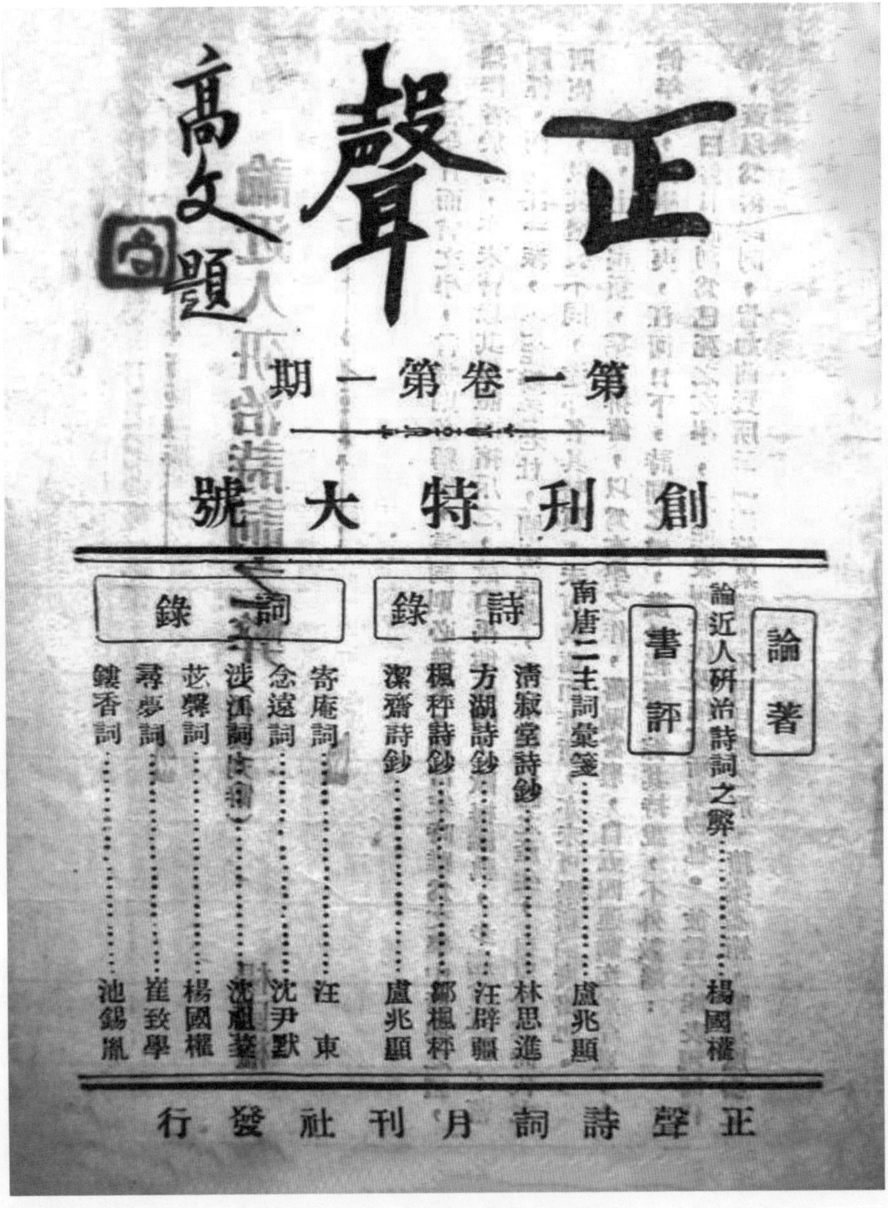

1944年1月《正声》第一卷第一期创刊号

程千帆、沈祖棻推荐金陵大学中文系刘彦邦与陈荣纬、金大国文专修科萧定梁、四川大学中文系宋元谊(女)四人入社。7月，《正声》丛书第一种《风雨同声集》出版，封面和扉页分别由庞石帚和高文署签，集中收有杨国权《苾馨词》30首、池锡胤《镂香词》26首、崔致学《寻梦词》30首、卢兆显《风雨楼词》36首。章士钊在论近代诗家绝句中赞道："大邦盈数合氤氲，门下门生尽有文。新得芙蓉开别派，同声风雨已堪闻。"又自注曰："沈祖棻为程氏妇，其门人已刊《风雨同声集》词稿。"秋天，正声社新加入华西大学中文系王文才、刘国武，四川大学中文系王淡芳、周世英，武汉大学中文系高眉生(女)五人。老社员卢兆显和杨国权毕业后仍继续参加正声活动，11月的《正声》诗词刊第三四期合刊即是这段新老交替时期的产物。

尽管人事变动较大，9月沈祖棻转到成都华西大学教书，程千帆一度任教成都中学，社员亦从金陵大学拓展至华西大学、四川大学、武汉大学等四所学校学生，这是正声社活动非常稳定的一段时期。成员们每两个月选择一个节假日，在少城公园(今人民

1945年冬10月10日集社照片。前排自左向右：刘君惠、叶石荪、高石斋、沈祖棻、宋元谊及其侄女；后排自左向右：卢兆显、杨国权、刘彦邦、王文才、王淡芳、刘国武

公园)的茶馆或新南门外枕江茶馆聚会。据刘彦邦《抗日战争中的正声诗词社》回忆：

会间，社员们分别出示上次由指导老师命题的习作，互相观摩与交流学习心得，议论古今诗词作家的作品，自然也要谈谈社务情况与问题。会后师生醵金聚餐，能豪饮的社员还互相赌酒，尽欢而散。我记得这段时间聚会时，多半由沈子苾师为下次习作命题，因为程千帆师在1944年中秋后已应武汉大学之聘去乐山了。社员呈交的习作，沈师总是不惮其烦地仔细修改，好的加点加圈以至密圈，坏的批示疵病所在或不予圈点。发还以后，我们都能从沈师修改的词句或圈点中有所领悟。

1946年春至1947年春，《西南新闻》报以双周诗词专栏形式刊出《正声》33期，刊头由华西大学中文系系主任闻在宥题写。每期稿件由社员轮流组稿，征求其他社员意见后，再由指导老师最后定稿。促成正声诗词社与《西南新闻》合作的是导师陈孝章，长达一年的专刊连载，使正声诗词社的影响力从校园辐射到社会。

抗日战争胜利后，高文、程千帆、沈祖棻先后离开四川，然而以诗词缔结的师生情谊并未就此中缀。程千帆转至乐山武汉大学，仍通过书信往还认真批复学生的诗歌。1946年8月，沈祖棻因病辞去华西大学讲席，11月11日、12月31日在上海和武昌均有致卢兆显、宋元谊、刘彦邦书信，探讨诗词创作。沈祖棻《书札拾零》共存37通，其中31通是和正声从游诸子所通书信。她为学生们改定词作，更循循善诱，如“元谊弟应多读北宋作品，勿徒注意雕饰，以免辞胜于情。兆显弟作，情意深刻而不免流于生硬晦涩，有辞不达意之病，又觉情胜于辞。彦邦弟入手甚正，则须力屏粗俗、熟滥、轻绮诸病。昔孔子有才难之叹，今日尤甚。弟等当自强不息，勿负余望也”、“望能循序渐近，持之以恒，须志大而心虚，精勤不倦”云云。

1947年，正声诗词社在成都的九名社员，两人在机关工作，两人在中学任教，另五人就读大学四年级。这年10月，诸人于忙碌之中编印了《正声》诗词刊新一期，封面则是高文从南京寄来。新一期的刊出，标志着正声诗词社活动告一段落。

正声人物

1976年，沈祖棻在人事凋敝的“文革”中怀念故友，追思曾经共同拥有的珍重时光，写下《岁暮怀人》诗42首。其中和正声诗词社师生相关的有8首，分别为咏陈孝章、刘君惠、刘彦邦、杨国权、王文才、刘国武、宋元谊、王淡芳。陈孝章和刘君惠均是参与正声社活动的指导教师，其余六人系正声社会员。陈志宪字孝章，四川酉阳人，在中央大学中文系时与沈祖棻同级，曾任四川大学中文系主任。刘君惠其时与程沈夫妇过从甚密，每共游宴。

自1942年春起，创社会员卢兆显、杨国权、池锡胤、崔致学就跟随沈祖棻学词。杨国权，四川綦江人，《正声》发刊词即由其撰写。他与沈祖棻呼应词作最多，有同题“华西坝秋感”。毕业后，杨国权仍为正声社务奔走，与刘彦邦一起联络《西南新闻》正声副刊诸事。刘彦邦和宋元谊是1944年春入社会员。刘彦邦，四川兴文人。2009年，海盐沈祖棻研究会之所以能够印制出《正声诗刊四种》，全赖其保存下来的《正声》诸稿以及诸位老师、太老师赐稿的手迹。他曾撰写《抗日战争中的正声诗词社》《正声诗词社照片解说》二文回忆正声诗社活动情况。宋元谊亦是当时四川大学中文系“中声社”会员，她每每从望江楼步行赶到华西坝听沈祖棻在金大与华大讲词，从未缺席。她才华横溢，诸人皆将其视为沈祖棻传人。程千帆笺云：“宋元谊，四川富顺人，四川大学中文系毕业，徐溥妻。曾在四川师范大学中文系任教，‘文化大革命’中被辱自缢。君为清末名宿芸子先生女孙，学有渊源，才情富艳，尤工属对。其为词，凡遇可对可不对者，则必对之而后快。自其短命，祖棻遂有丧予之恸，而深惜汪吴词学不得其传也。”

王文才、刘国武、王淡芳是1944年秋入社会员。王文才，四川崇庆人，初读于华西协和大学，后在四川大学国学研究所毕业，曾任四川师范大学教授。“文革”中亲朋断绝，而王文才独访武汉大学珞珈山，令程沈二人惊喜不禁。刘国武，四川中江人，华西协和大学中文系毕业，曾在四川医学院教授语文。王淡芳与沈祖棻、程千帆书问最勤，虽十年浩劫亦未间断。故《涉江诗》卷一《答淡芳四首》有：“难逢乡国信，喜得故人书”、“卅年千里隔，交谊未相疏”之句。

沈祖棻《涉江诗》卷四《锦城怀旧，寄诸故人六首》其六曰：

衰草黄花词客死，仲宣公干谢诗名。
旧时东序诸年少，白发新来有几茎？

程千帆笺曰：“此首属从游诸子。‘天黏衰草’，秦少游满庭芳句，‘人比黄花瘦’，李易安醉花阴句。杨国权词学少游，宋元谊才追易安，故以比之。仲宣谓王淡芳、王文才，公干谓刘国武也。参前岁暮怀人诗。”又有《国武寄示新作套曲，并告以将于春节邀淡芳、文才共谋一醉，闻之神往。因呈长句，兼示二王，用坚其他日东下之约》诗云：

群贤佳节醉江楼，诗酒天涯难共酬。
西岭梅开春可寄，东湖月朗水空流。
刘桢此日传高唱，王粲何时作远游？
郢树蜀山相望处，聊凭书札慰离忧。

无论沈祖棻《涉江诗》，还是程千帆笺注，无不透露出那一段正声时光师友唱和往还的精神契合，以及延及一生的师生情谊。尽管时局不利，背井离乡，有无尽的国事乡愁，但至少有这样一批志同道合的师生一起把酒论诗，在文学的精神世界中徜徉共鸣，其臭如兰，风雨同声，这岂止是学生社团的意愿，更是一代中青年知识分子生活的真实写照。

1977年8月，刘君惠闻知沈祖棻于6月27日在武昌因车祸不幸逝世，特意通知了当时还在成都的正声社王文才、刘国武、王淡芳、刘彦邦集会望江楼，题咏哀挽诗词，这是1949年后正声社的唯一聚会。此时卢兆显已于1947年病逝，杨国权、宋元谊在“文革”中含冤而死，正声社人物凋零，所幸正声宗旨不废。

正声宗旨

“正声”源自李白“正声何微茫，哀怨起骚人”。唐代以前，“正声”以音韵、音律为主要意义，李白古风“大雅久不作”之“正声何微茫，哀怨起骚人”，始把“正声”二字的意义延伸到更为广泛的社会内涵，以及诗人于国于家于个人的责任感、使命感。亦如刘婉在《正声不绝》文中所说：“一方面，正声是正气之声”“另一方面，正声是雅正之声”。正声诗词社以“正声”为名，标明源头所自，表明创作宗旨是在音律和内容两方面追求传统的雅正之声，不仅是音乐之雅正，更是信念之严正，即国家兴亡、匹夫有责之正义。

1943年12月，杨国权以《论近人研治诗词之弊》作为发刊词，文中明确反对新文学“崇新废旧”，辩驳对旧文学所议之非：对于认为旧文学为死文学、不能表现时代和描写新事物者，他提出历代词人都以词反映时代内容，如南宋郑所男、林景熙等，而自黄遵宪，刘永济、沈祖棻以还等近现代词人，均以新事物入词，如收音机之“贮声歌匣”、霓虹灯等；对于认为诗词格律太严抹杀文学的灵性而要求改革诗词者，他强调词必须遵守格律才有文学美感；对于认为诗词已成古物，只须欣赏不必创作者，他申言唯有具备创作的体验才能更好的欣赏作品；对于其时文学创作崇尚新奇怪异的理论及创作之风，杨国权以为绝非文学正途。最后他说：

至于文学体制，吾人所怀，并无新旧之见，且以时代趋势，必当有新体之产生。文言白话，原无严界，期于描写真切，表达真肫，即为尽其能事。若其内容空乏，技术拙劣，虽则废弃旧腔，纯用新体，亦不得谓为文学作品。

他以为文学的表现能力和新旧文学、体裁无关，最关键的地方在于创作的技巧和内容。数十年后，刘彦邦忆及正声诗词社在《西南新闻》报副刊“所刊诗词，一般都能联系实际，或感伤时事，或讥弹时政，或记述萍踪，或互相赠答，言词各抒情意，文风均以清明雅正是尚”。同样毕业于金陵大学时任《西南新闻》副刊编辑的李定一读到这段，不禁感叹：这也正是老师们平时在校对学生们的理论教导和实践要求。所以《西南新闻》出版第一期《正声》时，李定一在《发刊词》中对诗词提出的三个要求和正声宗旨不谋而合：

第一，修辞立其诚——提倡讲真话。“修辞立其诚”，这是《孟子》的话，也曾是我们在校时一个其中的考试题目，也是平日老师们对学生们做人和做学的要求。

第二，要有的放矢，不乱放空炮。

第三，要有时代感。要运用诗词的传统形式，咏唱时代新事物，也就是当时的“旧瓶装新酒”的问题。

正声社指导教师沈祖棻在《风雨同声集序》中将这种传承说得更其明确：

壬午甲申间，余来成都，以词授金陵大学诸生。病近世佻言傀说之盛，欲少进之于清明之域，乃本夙所闻于本师汪寄庵、吴霜厓两先生者，标雅正沉郁之旨为宗，纤巧妥溜之藩，所弗敢涉也。……在昔南宋群贤，觏逢多故，陆沉天醉之悲，一寄诸词，斯道以之益尊。今者，岛夷乱华，舟覆栋倾，函夏衣冠，沦胥是恫，是戋戋者，乌足以攀跻曩哲。然其缅怀家国，兴于微言，感激相召，亦庶几万一合乎温柔敦厚之教，世之君子傥有取焉，而不以徒工藻绘相嘲让邪？

在词体教学的源头上，沈祖棻以业师汪东、吴梅为宗，主张雅正沉郁。她认为南宋国难纷纭，宋人将“陆沉天醉之悲”寄之于词，词体因而得以推尊。今日倘将家国之感寄托于词，亦可实现旧体诗词在新文学大势所趋下继续生存和发扬光大的期望。唯有赋予旧体诗词以新时代的内容，寄予真挚深厚的感情，词体才能如宋代那样获得推尊。故正声诗词社从发刊至合集，在整个实践过程中，都贯彻“正声”清明雅正之风，真实反映时代和生活：感怀家国，不作无病之呻吟；沉郁雅正，不作轻薄藻饰之文辞。他们的宗旨承自汪东、吴梅等前辈，创作实践一以贯之。而自发刊之始，直到《西南新闻》副刊，前辈学人对于正声组稿的支持，正是对正声宗旨的积极响应，亦是推尊词体的共同努力。

即如1944年8月衡阳失陷，他们在词中咏叹：“故山从此战云遮。莫向蒿藜寻败壁，雁也无家。”(刘永济《浪淘沙》)“伊洛愁新，潇湘泪满，孤戍还失严城。忍凝想、残旗折戟，践巷陌、胡骑自纵横。浴血雄心，断肠芳字，相见来生。”(沈祖棻《一萼红》)、“相见他生语断肠，秋云漠漠锁潇湘。莫邀归雁说衡阳。”(宋元谊《浣溪沙》)沈祖棻、刘永济更分别在其《一萼红》《浪淘沙》小序中记道：“甲申八月，倭寇陷衡阳。守土将士誓以身殉，有来生再见之语。南服英灵，锦城丝管，怆怏相对，不可为怀，因赋此阕，亦长歌当哭之意也。”“衡阳之役万军苦战四十七昼夜将士伤亡殆尽遂陷死事之烈亘古罕有词以哀之。”以明创作意旨。卢兆显《无题》诗激愤地写道：“壮士头颅连野白，少年心血付流红。天荒地变存肝胆，梦破魂归断鼓钟。”池锡胤《虞美人》“入中训团受训有感”豪言道：“今朝击碎唾壶歌，起舞复兴关下意如何？”是年秋天，正声诸子内心深感悲怆，亦澎湃着复兴的激情。

正声诗词社不仅是主动承继传统文学的学生社团，更是三代知识分子传递诗词尊体理念的努力，而正声诸词无疑是他们的心、眼所反映出来的时代脉动，他们以知识分子的良知和责任，描述眼中血、离人泪，记录国家的危亡、战争的残酷、人民的流离，这正是正声诗词的精神本质。

川江上的西山钟楼

方本良

在长江三峡库区，高峡平湖腹心的万州城里，有一幢高高的钟楼，在80多年三万多个日日夜夜里，用它宏亮的钟声，向人们起居作息报时，从不间断，引导川江上来来往往的航船。

这钟楼名西山钟楼，座落在重庆市万州区西山公园内。1930年开工，1931年建成，共12层，高50.24米。由湖北籍建筑师董炳衡设计，武汉营造厂修建，耗资20万银元。钟楼系中西结合建筑，一至六层为钢筋混凝土梁式框架结构，顶端双层盔顶，呈八角型。螺旋铁梯236步盘上楼顶。楼身为正方形，每边长10.2米，占地面积104平方米。楼层上部四面装有巨型时钟，时钟是在亨得利钟表行上海总行定制的，装成后钟声宏亮，响达全城。钟楼底层为敞厅，四面圆拱门。敞厅正中置有一座长方形石碑，石碑高8米，宽1.30米见方，铁栏围护。据知情的老人们讲，石碑是从二里外的望马石用石下垫圆木滑动的办法，六七十人连推带拉，用了近半个月才运抵。石碑四方刻有处世格言，由万县晚清拔贡谢献庄撰书。1964年换刻毛泽东手迹诗词四首。1958年3月，国务院总理周恩来视察万县市时曾登上钟楼鸟瞰全城。

西山钟楼，从它建成那天起，就被公认为万州城市的标志，与上海、武汉的海关钟楼齐名，是长江沿岸一大景观，也是长江沿岸城市唯一的一座独立钟楼。

西山钟楼，守望万州已有80多个春秋，它便利川江航运，见证了万州这座古城的变迁，特别见证了万州这座移民新城近20年内翻天覆地的巨大变化，它眼看着脚下的老街旧屋全被拆除，眼看着身旁的高楼大厦一幢接一幢地高过自己，眼看着岩坎下奔腾的川江几

西山公园原名中山公园，西山钟楼就修建在这块地上

修建西山钟楼设计图

西山钟楼原貌

大钟由亨得利制造

年变成了平湖，湖水淹到了自己的脚边——上上下下，四面八方，都在变化，变得如此之大，如此之美。即使这样，古老独特的西山钟楼，仍然是万州最显眼的风景之一。每天24小时照样用宏亮的钟声为人们报时，分秒不差。而今的钟声，虽然不像从前那样权威，指导人们起居作息，但人们听到钟声仍感亲切，自觉不自觉地都要对对自己的钟表。

钟楼的时钟，也跟着时代步伐和科技发展，不断更新。1990年，上海亨得利1930年制造的机械铜钟，机件老化，不能使用。由大地房地产公司赞助换成了电子钟。2006年，又换成烟台中恒时钟科技有限公司制造的智能塔钟，也就是现在使用的塔钟，钟声、电源全为自动控制，报时更加精准。

西山钟楼，从建成至今80多年，经历了无数次的风雨磨难，进行了多次维修保养，其中大的维修有三次。

1940年7月28日，日本飞机疯狂轰炸万县，一颗炸弹落在西山钟楼脚底下爆炸，炸了

解放后一些大型重要活动都在钟楼下的体育场举行。这是西山钟楼第一次维修后召开的第一次大会

届國慶節大會全影 1952.10.1.大同

西山钟楼，当时是万州的最高建筑，万州城的标志，长江沿岸的一大景观

到万县的人都要在钟楼下留影纪念

1968年,西山钟楼七层以上

折除危顶，钟声不响，无头无脑

上世纪70年代钟楼远眺

上世纪80年代钟楼远眺

1982年，西山钟楼维修中

一个大坑，钟楼命大无损。当时年仅11岁，后来管理钟楼几十年的园林管理处副主任陈袭伟，在飞机轰炸后跑到西山钟楼脚下，看到地上炸了一个大坑，钟楼外墙粘了很多炸飞的泥土。在1952年的维修中，维修人员也目睹了钟楼下端外墙上被炸的痕迹。

1952年，开始对西山钟楼进行了第一次大的维修。由万县市建筑设计室设计，万县市建筑公司施工。据与西山钟楼同龄的原万县市建筑设计室主任高级工程师任天麒回忆，钟楼7层以上是砖木结构，由于年久失修，遭白蚁严重蛀蚀，破烂不堪，维修时全部拆除，换上新材料，增加几根钢梁，解决上层的承重问题。屋面白铁皮进行修补。墙面采取水泥沙浆抹面。对于时钟，专门到亨得利钟表行请了一个技术工人作了维修。蓝白色的国民党青天白日党徽换成了鲜红的五角星。

第二次大的维修是在1981年。

1967年，由于风雨侵蚀和白蚁危害，钟楼顶部再次出现险情，檩子折断垮塌，铜钟停止声响。1968年将钟楼七层以上全部拆除，钟楼变得没头没脑。由于时逢“文革”期间，

1996年,万县市运动会在钟楼下举行,8县3区2000多名运动员参赛

无暇顾及。直到改革开放后的1981年，政府拨款20万元维修，将七层以上全部换成钢混结构，按原样将楼顶修复。1983年1月1日钟声重鸣。

2011～2013年，对西山钟楼进行了第三次大的维修。这次维修，是西山钟楼建成以来采用文物保护手段进行的一次大的修缮保护，负责设计的是重庆中国三峡博物馆。从上到下，从内到外，对地面外墙，楼梯钢架，门窗时钟，全面进行了维修。

现在，西山钟楼仍屹立在西山上，伴着静静流淌的川江……

中苏友好大厦

丹 青

延安中路1000号的上海展览中心，是1950年代上海建成的规模最大、气势最雄伟的俄式建筑。这幢建于1955年的建筑，是中苏两国建交后由苏联专家帮助设计兴建的上海第一幢展览馆，在相当长时间内，这幢建筑顶端的镏金五角星，曾是上海的一个制高点。

几杯醉酒定下开工日程

1952年，政务院经济委员会副主任李富春访苏，在和苏联谈判中，苏方提出在中国展示苏联的建设成就，包括经济、文化、科学技术、建筑技术和建筑艺术等。为此，中央决定在北京、上海各建造一幢与之相适应的展览馆，以学习、借鉴苏联社会主义建设的经验。

1953年7月，苏联政府派出著名建筑师安德烈耶夫与夫人吉斯诺娃、结构工程师郭赫曼来我国帮助设计和施工，三人都是斯大林奖章

1954年5月中苏友好大厦开工典礼

工程開工典禮

获得者。上海市政府则决定由华东建筑设计公司总建筑师陈植、结构及设备工程师蔡显裕、张乾源、赵忠遂等人组成中方专家组与他们合作一起选址、草拟方案和设计图纸。陈植1902年11月15日生于杭州，1923年官费赴美入宾夕法尼亚大学建筑系学习，回国后曾参与了大上海大戏院(大上海电影院)、台湾糖业公司大楼等的设计。1952年7月1日，陈植同赵深、建筑师罗邦杰、工程师蔡显裕、许照等一起加入华东建筑设计公司，均任总工程师。

1953年12月的一天，周恩来总理收到一封来自上海的公函，落款潘汉年(时任上海市副市长)，请示有关“苏联经济及文化建设成就展”的选址问题。

潘汉年当时拟选了三个地方作为展馆馆址：一是昔日的“跑狗场”旧址，二是犹太人哈同1886年后建造的私人住宅爱俪园原址，三是大华农场。苏联专家反复比较认为，爱俪园原址坐落在延安中路与南京西路之间，贴近陕西路和铜仁路口，占地3.2万平方米，已荒废多时，无论占地面积还是所处位置，均较符合建设一座永久性展览馆的要求。最后定下来在此建设“苏联经济及文化建设成就展”展馆，并将展馆定名为“中苏友好大厦”。

1953年12月，在陈毅市长牵头协调

中央大厅基础工程施工

中苏友好大厦工业馆施工

下，成立了以潘汉年副市长为主任的中苏友好大厦工程建设委员会，市府秘书长徐平羽具体负责。华东和上海两个建工局为主，抽调各路人马及设备，组成有干部383人、工人两千多人的现场型“中苏友好大厦建筑工程公司”承担施工任务。工程土建部分由华东建筑工程局直接领导，由华东第一工程公司和上海市建筑工程局一起承建。附属工程如道路、绿化、下水道等由建馆委员会另行组织馆外工程处负责进行。水电设备安装及其他特殊工程由中苏友好大厦建筑工程公司外包给水电安装等公司负责。3月下旬上海专门组建了以金瓯卜为首的“上海中苏友好大厦设计公司”。4月初，30多名技术与管理人员前往北京学习苏联展览馆建馆经验，开始进行初步设计，并确定中苏友好大厦于1955年3月15日前完工。

1954年4月11日，苏联专家结构工程师郭赫曼来沪考察哈同花园现场，市领导举行宴会。不料，在宴会上郭赫曼喝醉了酒，发言中竟表态上海中苏友好大厦可在当年5月1日

开工。第二天一早，这句话作为新闻上了《解放日报》，此时大厦连一张设计草图都没有，酒醒后郭赫曼也大吃一惊，立刻打长途电话给北京的安德烈耶夫。当时距5月1日只有19天，因此工作组决定5天内将设计方案定下来。

7天完成了设计方案图

安德烈耶夫提出了一个“中西合璧”的方案，设计了一个中国宝塔形的展览馆，不伦不类，设计人员大为惊诧。当时对苏联专家绝不敢冒犯，只有陈植向主持这一重大工程的市政府秘书长徐平羽表达异议，经徐平羽向潘汉年副市长反映后，与安德烈耶夫婉转商谈，才改拟苏式古典方案。大家集体讨论中，先把建筑平面草图方案定了下来，再将设计方案大轴线定下来，陈植认为，设计先要考虑实用，先

中苏友好大厦西翼施工

中苏友好大厦西翼施工

中苏友好大厦电影馆施工

中苏友好大厦西翼施工俯瞰

把功能分析好，再考虑外在表现。经集体讨论，按功能分拆成中央大厅、东翼、西翼、工业馆和电影馆五部分分工负责。两国建筑专家与70余位建筑设计人员经过7天挑灯夜战，奇迹般地完成了设计方案图纸。

设计方案经上海市领导批准后，上海中苏友好大厦设计公司设计人员增加到166人，唐汉城、周永源等工程师参加了大厦的结构工程设计工作，相继完成了中央大厅的箱形基础施工图，东翼、西翼的条型基础施工图和定位图。

中苏友好大厦主体有中央大厅、工业馆、文化馆、农业馆和电影馆等五个单位工程组成。中间是长方形的工业馆，前为中央大厅，后面为宴会厅、电影馆和咖啡厅，东西两翼为文化馆、农业馆。以经济、实用和美观为建筑方针。

工程建筑占地面积23090平方米，建筑面积6.2万平方米，而施工地基面积只有9.3万平方米，比较狭小，现场周转十分困难。按照要求，工程须于次年3月完工，工期非常

中苏友好大厦西翼俯瞰

紧。4月20日，开始迁移地下大型沟管。

当时正处于建国初期，机械化程度较低，而且要求全部使用国产建材，同时达到外观宏伟壮丽，内部结构坚固适用，有相当难度。因此采取了边设计、边施工，边备料齐头并进的方法。来自鞍山的钢铁，山东的石料，北京、福建的技工，浙江各地的物资，纷纷前来支援。来自各公司的工人与设计人员临时组合在一起，工种多，又不熟悉，一切组织管

中苏友好大厦鹰架

理工作从头建起。公司根据工程情况，设立了2个工区和21个科室，推行工长制，开办了59人短期工长培训班，确定每一阶段采用抓重点工种的方法推进工程。

工程开工前，工人宿舍、办公室、加工场，下水道工程全部完工，并进行半成品加工，完成了开工前的物资准备。5月1日，大厦工地红旗飘飘，工程如期开工。5月4日正式开工，上海各界青年6000多人遵照共青团华东工委的指示参加义务劳动。天下着蒙蒙细雨，团员青年以饱满的热情和工人们并肩战斗，他们卷起袖子挖土、铲地，清除废物，搬运泥块、砖块、黄沙、钢筋等建筑材料，忘记了疲劳，一些平时怕弄脏衣服的“小姐”也充满了热情，有些少先队员也跑来为大家端茶送水。休息时，青年们和工人一起座谈，大家还唱起歌，青年文艺工作者还作了慰问演出，在整个工地形成了紧张、活泼、愉快的气氛。一些建筑工人原先认为自己的工作是扛大土没出息，这天也受了感动，说一定要好好干。几个生产小组和团支部给青年们寄去了感谢信，纷纷提出把生产搞好的保证。义务劳

中苏友好大厦东翼

动的消息见报后，成千上万青年来电、来信要求参加劳动。5月16日上海建筑工会和中苏友好大厦建筑工程公司特意向全体参加义务劳动的青年发出慰问信，并表示此举将大大鼓舞工人们的建设热情，完成和提前完成中苏友好大厦建设工程。此后，各环节工作迅速铺开，平均每天有2000多人同时紧张工作。

在一整块大箱底上面盖楼

按照方案，中央大厅平面为正方形，边长46米，地面为14层框架结构，加上夹层共17层，高62.3米。中央大厅顶上是三层建有圆柱的塔楼，整个塔楼自下而上，逐层缩小，外观为底下两层每边8根、第三层每边4根的方圈圆柱廊。塔楼上是一座高45米的镏金高塔，率周边4个小尖锥塔尖高耸入云，托着顶端的红五角星。大厅内基座上有高大的巨型圆柱及连穹柱券装饰券洞，其中8根巨型圆柱直接承托正厅内半球形的穹顶，并支撑着金顶塔

中苏友好大厦电影馆

楼的绝大部分重量。

由于上海地下水位较高，打桩必须很深，不然作用不大，加之工期紧张，双方商定中央大厅结构工程不打桩，采用当时的先进技术箱型基础荷重，即用钢筋混凝土浇捣成一整块长、宽各45米，厚1米，高7米的大箱底，然后在其上盖大厦，整个建筑物上下成为一体，使基础沉降均匀。这在当时是一项新尝试。由于没有振捣机，需运用钢钎手工捣实混凝土，工人们三天两夜连续拼搏，完成了箱型基础。6月进入结构施工阶段。后来因中央大厅和两翼荷载差别大，出现了不均衡沉降和倾斜，1957年特意请回来郭赫曼，他查看现场后表示一切都在预计的安全范围内，不必担心。此后直到2001年才对大厦进行了大修。

让大家都看到中苏友好大厦塔顶最高的红星

中央大厅上空镏金钢塔顶上的红色五角星，离地110.4米，直径4米。这座钢塔与红色

中苏友好大厦东翼

东翼的雕花大柱廊

五角星由华东建筑机具修造厂承制，包括红五角星及框架支座全长51.8米。任务下达后，工厂设立各组分派任务，接到任务的周耀根、杨介歧等同志感到非常光荣、非常兴奋。

钢塔制造过程非常复杂，钢塔由6毫米厚钢板制作，八角锥形，每角由两三角铁的边缘相互衔接而成，再由锥形铁板作塔身，上下有盖底板成为一节，共22节。顶端红玻璃五角星用钢框架制成，镶嵌10毫米厚红色玻璃，内装125只灯泡，总光度高达6300瓦，五个角之间，装有紫铜光刺24根用来反射光芒，增加光度。五角星尖端有通风洞，可散发内部热量。红玻璃五角星制作技术要求很高，要求在酷暑严寒与气温急遽变化时，五角星不变形，不破裂。当时上海所有玻璃厂都无法生产。

7月，中苏友好大厦建筑工程公司同私营三民玻璃厂厂长接洽红玻璃实验任务，厂长既畏难又怕亏本犹豫不决。吹泡工唐元华在旁边也很犹豫。几天后材料科长和苏联专家亲自派车接他和工会主席去开会，对他说："该玻璃民主国家虽有，但最好是中国试验成功，因为这只五角星放射出光辉永远的存在象征中苏友好牢不可破的友谊，让民主国家代表到上海和上海人民都看到中苏友好大厦塔顶最高的红星，心里多么愉快。这也是苏联专家的理想，因此这是政治任务。"上级工会和厂工会不断鼓舞、支持唐元华："一定要实验成功"说，别人抢着要到大厦做义务劳动，我们要实验成功，这玻璃永远高挂在空中，让人民能看到它光辉鲜红的颜色，多么光荣呢？" 其他工程师和工人也说："你做，我们一定配合。”唐元华十分激动，心想我一个不识字的技工，在旧上海是被人看不起的工人，解放后升为工程师，到今天没有什么成绩贡献给国家，这一次为人民服务的机会，一定要完成它。

从此，为掌握炉火温度，唐元华每晚睡在厂里，蚊子叮也顾不上。一次次下料试验，在103℃高温中，有的工人热昏过去，但醒来后又继续工作。有时红料就浮在上面吃不进去，试出的样品就像万花筒的斑斑点点，唐元华急得吃不下饭，恨自己没文化，但咬牙坚持下来。他与工人们一起经过约30次试验，终于试制成功颜色鲜红透明的玻璃，大家高兴得跳了起来。红玻璃正式生产又碰到困难，玻璃变成了紫色。唐元华由于不识字，无法翻参考书找资料，怎么也想不出道理来，于是找工人开座谈会。烧火工人王能兴说：“正式生产时用的钳锅比试验时用的要大得多，钳锅大了，火力分散，里面的原料就烧不透。”在老工人帮助下，唐元华换用小钳锅保证熔透原料，花了5天时间，终于制造出成品。第二个困难是玻璃有云纹，唐元华又请科学院的同志提意见，他们认为是颜料拌得不匀。唐元华在工人旁看着他们做，发现除了这一问题外，还有钳锅底不清洁的毛病，于是洗干净钳锅底再下料，烧出来的玻璃终于完全成功了。就这样日夜奋战，从接下任务到红玻璃完工共用了32天。

为了使钢塔和五角星的钢框架支座外形美观，整个塔身共用了1300张0.7~0.8毫米紫铜皮，压上花纹，包住塔身，然后在紫铜皮表面镏金。对钢塔转角处不能包紫铜皮镏金的，则采用镀金方法。共用去黄金300两，水银2400两。完成钢塔的制造共投入人工102人。

为限期完成中苏友好大厦工程而努力

中央大厅结构工程进展较顺利，8层以上平均每天完成一层。东西两翼文化馆、农业馆和工业馆基础工程于5月底完工后，也进入土建结构工程阶段，两翼各为18米宽、186米长的2层矩形建筑，采用钢筋混凝土混合结构，钢筋混凝土密肋形梁平板屋面，各有柱廊和中央大厅连接。工业馆采用带形基础，宽46米、长84米，高19.5米，中间是30米跨度的钢筋混凝土拱圈，薄壳屋面，屋顶还有露天舞池。工人们干劲十足，大拱和薄壳施工在48小时内就完成了。

工业馆后面是电影馆，电影馆与工业馆连接成“T”形，宽24米，长78米，钢筋混凝土框架结构，屋面用菱格形布置大梁。电影馆有2层，底层为柱廊和宽敞的大厅，二层为980座观众大厅。T形两侧为柱廊连接的东西两座角亭。电影馆采用方格形基础。当时因受大雨影响，工程进展稍缓。

建造期间，中苏两国建筑工程师及工人想方设法克服重重困难。当时苏联专家从头到尾亲自指导各项工程，对工程进展起了决定性作用。周永源回忆，苏联专家看图很仔细，不仅看平面图，剖面图、立面图，还要求把每一部分细节放大到十分之一比例来研究。有时还要看到模型，从各个角度观察研究。为了节省材料和劳动力，加快工程进度，苏联专家们绞尽脑汁，遇到中国技术人员问问题，并不马上回答，总要考虑两三天，设计人员后来回忆说，安德烈耶夫曾说："在设计一个工程时遇到一些问题没有解决时，我非但工作时想着它，吃饭时也想着它，甚至睡觉做梦也想着它。"他还说，一

中苏友好大厦东翼室内施工

个人力量有限，大家都有责任来发表意见。他还要求中方注意培养后备力量，包括女同志，他说在设计上女同志较安静细心，更应是适当的工作。技术人员也积极开动脑筋，许礼原运用活动丁字尺的特点改进了绘图工具，可以把画纵线四道手续简化为一道，大大加快了时间。

粉刷

由于工期紧，所以整个施工采取平行流水和立体交叉相结合。公司党支部深入现场指挥，不断扩大积极分子队伍。共青团与工会开展现场宣传鼓动，提出了“力争提前，力争主动，保证进度，保证质量，更好的为施工服务，为限期完成中苏友好大厦工程而斗争”的行动口号，干部几乎每天都工作到深夜，广大工人群众也保持了高涨的工作情绪。当时许多机械是首次使用，有的才试制完成，因此最困难的是缺乏机械化操作技工和经验，工人都是第一次操作平台皮带运输机，最多一天开出了15架，没有一个是熟练工人。6个木塔升降机，只有一个技工会操作，大家边学边练，在工作中学成满师。施工过程中，竹工陆进康动脑筋创造了预制竹屋架，于是在工业馆建设中搭上高层移动脚手架，在西翼圆厅采用了悬空脚手架等新技术，减少了搭固定脚手架的工时，大大缩短了工期，并保证了施工安全。

青年们还组成了几个突击队，工地上涌现出一批劳动模范。工人党员宣宏法为了完成任务，夜间两点就到工地现场。在他的带头作用下，其小组一再突破劳动定额。运材料的工人推小车都跑步行进。施工期间，上海正遭遇连续两个月的雨季和80年一遇的大潮汐，工人们住的工棚时常积满了水，全德成和其队友也忙得不可开交，一名工人想出了搭活络帆布蓬。7月初工人们已如期完成基础工程，着手装修工程的准备。8月底除电影馆外，完成了全部工程结构部分。工程期间，除发生了西翼柱头，东角亭木模沉陷、机械漏电等几起事故外，有惊无险，未发生重大事故。

装修工程

考虑到各展馆约有3万余台机器设备需要安装，7月2日党组要求承担北京中苏友好展览馆全部机器安装的中央第一机械工业部在完成任务后，将数百名安装人员派来上海服务，如果不能，也需从各方面抽调200多名技术工人组织安装工程队。同时，后期工程繁重，墙壁屋顶大半有艺术花纹雕塑制品，技术性强，艺术表现要求突出，还需要组织大量艺术家和艺术工作者参加工作，仅浮雕、圆雕制品就需雕刻技术工人2700多人，因此要求市委及华东局批准从上海科教电影制片厂、人民艺术剧院等机关和南京工学院建筑系等学校抽调行政领导和30余名美术人员支援大厦的装修艺术工作，开列的名单中有著名雕塑家张充仁、泥塑人员姚继勋、王大进、严颐等，建筑装饰花纹

中央大厅装建铁塔的井架

设计打样人员刘露德、叶倩等。因上海方面能从事这项工作的不多，徐羽平特在北京与刘开渠交换意见，刘表示可将中央美术学院华东分院师生调集来沪参加工作。当时中央美术学院华东分院留校师生尚少，上海市委即请求中宣部指示该校，将本届毕业生中雕刻及绘画系学生全部调沪支援。

9月18日，台风肆虐，大厦结构工程已基本结束，正式开始了装修工程，进行中央大厅和各展厅穹顶、顶花、金属花饰、吊灯、水磨石地面等工程。

按照设计，通风水暖设计完全采用英美技术规范，通风管用白铁皮。工程进行期间，安德烈耶夫与专程从苏联来沪的雕塑家建议在东西两翼入口柱廊和电影馆柱廊上树立雕像。陈植认为雕塑的题材大成问题，加以耗资、耗时，因此，再次向徐平羽表示反对，由徐平羽耐心说服苏方放弃这一建议。最终方案决定，中央大厅内8根巨柱都用汉白玉装饰，柱基为五道凸出的线脚，柱身光面饰白色汰石子，柱帽用花式带和直线脚衬托4朵七瓣花，既简朴庄重，又具有罗马式风味。此外分布在两侧、东西厅入口和左右庭园等处的圆柱，别具

中央大厅顶端的五角星

安装中央大厅铁塔

风格的方柱、毛石柱、小叠柱身上数白种石膏花饰和线脚也需大量的工作。

装修工程项目多，工序衔接复杂，工艺要求较高，而时间急迫，材料又紧缺。中苏友好大厦党组一面指挥建设，将原有两个工区改为四个工区，负责各馆内部装修，加工管理科车间改为第五工区，进行木模、钢筋加工和磨石子预制成品工作，装修管理科改为第六工区，负责预制汰石子和石膏花饰、大理石和花岗石的加工和安装。建立了调度室，由总工室直接领导，与设计单位建立每天一次图纸碰头会以解决实际问题。10月设立了技术革新委员会，通过工会发动群众献计献策，共提出220条合理化建议，发明和改进了许多新工具，并加强外包管理和加工定货管理。同时向各方要求协作，党组通过市委向政务院和北京市委等请求支援，在北京中苏友好展览馆工程10月1日完工开幕后，北京方面派了制造艺术花纹石膏模型及负责装修的工程师、大理石刻工、翻制石膏水泥花饰技工、花饰安装工等100多人，全速来沪支援。

装饰工程工艺要求复杂，粗犷与纤巧兼而有之。大家采用上下平行作业的工作法，赶抓进度。大厦内外艺术浮雕和花纹图案装饰，由苏联艺术家设计，美院师生及高级技工绘制雕刻，工艺精巧，运用了大量俄罗斯风格装饰构件及黄金等贵重材料。苏联雕塑家凯尔别、莫拿温来到大厦工地创作了圆雕《中苏友好》，张充仁、蔡振华等负责设计了一个巨型浮雕，有16个少数民族人物，双方互相探讨技术。张充仁介绍说，大厦的浮雕是放在广大的墙面上的，只宜薄但而平坦，切忌七高八低破坏墙的平稳感，凯尔别称赞张充仁工作室能力很强，但有时会争得面红耳赤。安德烈耶夫说："这些苏联民族形式的图饰，一经中国同志创造性雕刻，已具有中国风味，象征着两国人民的深厚友谊。"可惜张充仁等设计的巨型浮雕因种种原因最后没有完成。

五角星竖起来了

在大厦装修同时，开始安装钢塔。钢塔底座安置在13楼楼面，塔身要穿过14层楼，屹立高空，钢塔总重32吨，自中央大厅提升至百米高空，难度可想而知，按照一般方法是在屋顶搭上脚手架把尖塔部分就地安装，苏联专家提议改在中央大厅安装，利用起重工具如滑轮钢索、摇车等工具，这样可节省劳力和时间。中国技术人员想了个土办法，专门设计制作了一个提升井架和固定尖塔方向的轨道，8月下旬中央大厅结构工程完工，拆除脚手架后，9月中旬钢塔分节运到现场，在中央大厅底层地面搭起1座钢铁井字架，上端焊接3根重型钢铁导轨，工人们用3台人力绞车，转动绞车，掌握定向器，观测经纬仪，将每节1.5吨重，22段塔身逐段起吊、焊接，请来江南造船厂的工程师吴阿毛等把关，当全部焊好时，由井架穿过中央大厅屋面预留孔，冒出14层楼屋面，一次提升至高空，整个升塔过

程只用了7小时。钢塔就位后，顶点与钢塔垂直中线偏斜仅5厘米，为总高度的千分之一，完全合乎设计要求。接着再把直径为3.5米的红五角星焊上，通电后，五角星光芒四射，现场一片激动的欢呼声。

新的制高点

1955年2月，工程全部竣工，共用花岗石6450平方米，大理石2400平方米，投入23个工种5000多人，耗费2000万元。1955年3月5日中苏友好大厦终于撩起了它的面纱。

整幢建筑坐北朝南，气势宏伟。主楼矗立正中，上竖镏金钢塔和五角星，高110.4米，超过了当时上海最高建筑物——国际饭店。塔尖上的五角星在阳光照耀下熠熠生辉。塔基部塑有一座由苏联雕塑家凯尔别、莫拿温创作的巨大雕像《中苏友好》，中苏两国工人举着锤子，象征中苏友谊，这是新上海首座室外雕塑，与主塔相辅辉映，金碧辉煌，(五六十年代很多电影的片头都见过它，中苏关系破裂后被拆除)。大厦共有40多个大型展厅及附属建筑。精致的高大铜雕刻大门和各式华丽精致吊灯，使整座大厦就像宫殿。大厦正门广场，有音乐喷水池，池内有玻璃制成的荷花31朵，喷水时池上水珠如帘，池内荷花怒放。

3月15日，在中央广场举行了大厦落成典礼。在少先队员簇拥下，潘汉年副市长、苏联驻华大使尤金院士等出席了庆典并发表讲话。当参加建设的各方人员参观自己的劳动成果时，真是高兴极了。安德烈耶夫激动地说："我由衷地对中国的知识分子和工人表示敬佩，像这样伟大的建筑，只用10个月时间建成是一个奇迹。"

3月16日，"苏联经济和文化建设成就展览"顺利拉开序幕，成千上万各界人士涌向展览会，都想目睹这所宫殿般的建筑和社会主义工业成果。从此，中苏友好大厦成为上海政治、经济、文化和外事活动的重要场所，数十个国家的元首和政府首脑曾先后来此参观访问。1968年，中苏友好大厦改名上海展览馆，1984年改称上海展览中心，至今仍是上海城市标志性景观。

中苏友好大厦中央大厅正面

中苏友好大厦设计亲历记

刘秋霞

1954年春节刚过，当时我刚从杭州之江大学建筑系大学毕业参加工作一年半，华东建筑设计院组织以陈植、田聘耕为首，由我与张乾源、林俊煌、李莲霞和蔡明道等六七人与上海建工局杨兆雄副局长等组成设计、施工团队，赴北京学习由北京建筑设计院设计“北京苏联展览馆”的经验。去的时候包了一节软卧车厢，约一个月后，上述团队即回沪开始上海“中苏友好大厦”的设计、施工工作。

中苏友好大厦现在更名为上海展览中心，位于延安中路1000号，原为哈同花园，是犹太人哈同的住宅与园地。上级要求在一年时间内完成偌大纪念性建筑的设计、施工到落成。由于期限紧迫，故只能采取边设计、边施工的工作方法，为此，现场设计室就选在南京西路入口对面、西康路转角，位于现波特曼酒店东南角的一幢硕大的别墅内。当时华东院几乎倾其全院主要技术力量赴现场参加工作。有院总建筑师陈植、院结构总工程师蔡显裕和主任建筑师田聘耕、设备总工程师赵宗邃。陈植先生为我国建筑界权威，曾与著名建筑师赵深等人合作创办华盖建筑事务所，该事务所是近代中国最有影响的建筑事务所之一，大上海大戏院即为其所设计。陈植先生当时兼任之江大学建筑系主任，是我的老师。1951年底他参加筹建第一家国营设计单位——华东建筑设计公司，后任总建筑师。约于1955年调任上海民用建筑设计院院长及总建筑师，其后被任命为上海市规划建筑管理局副局长兼总建筑师。田聘耕为之江大学首届或二届毕业生，后从我院调去成都，任建筑工程部西南建筑设计院总建筑师、院长等职。

中苏友好大厦的建筑总设计师由苏联著名规划与建筑师安德烈耶夫担任，其夫人吉斯

笔者(左)与李莲霞在中苏友好大厦绘制展览图纸

诺娃建筑师任副手，结构总设计师由郭赫曼担任，华东院则由总建筑师陈植先生担任设计总负责人。设计团队分中央大厅、工业馆、东翼、西翼和电影馆等设计组。当时我在田聘耕领导的电影馆设计组。各组平行地进行工作，但整体建筑的理念、构思及平面立面，包括细节甚至所有花纹，以及所采用的材料等均由安德烈耶夫负责。确切地说，华东院的设计人员仅仅是按照其手稿绘制施工图而已。最后按原定计划顺利地完成这项当时认为庞大的设计任务。

印象最深的一件事是50年代初我国设计技术水平还很低，由于展览馆的中央大厅层数较高，而上海又是软土地基，必须解决其基础问题，结构专家郭赫曼就专门给我们上了一堂课——箱形基础，其含意似浮船载重。当时这个技术名词还是第一次听到，而在稍后设计中我们就感到这是个非常简单的问题，可见那个年代两国设计水平的差异。设计中，大厦的中央大厅与东、西两大厅之间设沉降缝，设计沉降差为90厘米，实际沉降则大大超过预期。

①
②
③
④
⑤
⑥

大厦的金塔顶离地100余米，当时由我院实际经验丰富的建筑师张仲义承担，到专业工厂去监察镏金制作。还有个印象很深的问题，即大厦东、西两翼的钢花栅大门，由于过大、过重而无法启动。当时的设计人员还很少遇到这种目前认为很简单的问题，很着急。后来由张仲义建议在门下设轴承才得以解决。可惜他去镏金车间时常不愿带防毒面具而致中毒，不久即因此病逝，遗憾之极。

我所参加工作的中苏友好大厦电影馆，位于大厦北部，其入口面向南京西路。底层电影院在二层，底层为大堂。东部设大楼梯，有电梯直达三层大会议厅。电影院可容纳800人，厅内两侧墙面按开间设半圆形壁柱，平顶设计为井字型 ，井字框内设花型灯。电影院的墙面须吸音，当时没有合适的吸音材料，安德烈耶夫提出由专门工

前排左⑤起华厚权、张仲义、郭赫曼、安德列夫、陈植、刘秋霞、基斯洛娃、郭蓉、蔡明道、严钦汉
二排右①李莲霞(刘秋霞与基斯洛娃之间)
三排右①田聘耕(郭蓉与蔡明道之间)
后排①杨伯良②应仁荣③袁尚达④方鉴泉⑤沈仲山⑥夏凤梧⑦王文琳⑧林俊煌

厂特制方块形硬质玻璃棉饰面吸音。二层大堂的六角形柱面与地面均不采用大理石而采用水磨石预制板，柱面贴深绿色水磨石预制板嵌铜条花纹，效果很好，可惜以后在建筑中未再采用。其实这是一种既不用费工开采大理石，价格便宜又可达到一定视觉效果的好材料。

待整体建筑骨架几近完成之际，现场设计组成立专家工作组，我与李莲霞参加。安德烈耶夫描绘出大厦立面及大厅内各个部位的装饰花纹，由我们放大做施工图。当时连石膏纹饰、沥粉彩画及水磨石嵌铜条花纹的预制板(贴于六角形柱面)等这些建筑装饰都是我们此前从未见过的。我曾参考苏联杂志自己创意绘制了一个圆拱形的彩色玻璃铁栅花纹图，安德烈耶夫居然赞同并采用，这也就是现在展览馆电影院二楼平台上的彩色玻璃窗。安德烈耶夫还极其擅长徒手画动物，展览馆东、西两翼室外圆楼梯内缘的小动物浮雕就是按照他的手稿制作的。

1955年4月中苏友好大厦建筑如期完成，5月份开设计展览会，我也参加了展览图纸的绘制。

前排左起：郝光(华东院院长)、刘秋霞、罗邦杰(华东院结构总工程师)、?、?、陈植

江湾老宅忆旧

谢松柏

1927年3月27日，我在上海江湾路尘园路马家宅9号园出生。我的原籍是广东省开平县塘口谭溪谭边院。曾祖父谢日昌于1866年到的澳洲，在悉尼开设“泰益出口商店”并与第一个登陆南半球的华人女性郭氏结为伉俪。他们生有三儿三女，其中我的伯祖父谢瓒泰和我的祖父谢瓒业(又名谢子修Thomas See)就是其中的两个。1887年曾祖父母带着儿女们回到香港定居。不久我的祖父和祖母金琼仙结婚，后来就生下我父亲谢添福。

1905年我祖父带着我祖母和我父亲来到上海定居，我的祖父是最疼我的，我的名字还是他老人家给我取的。1933年上半年的一天下午，祖父从外面回来，突然感觉身体不适，很快被送到医院救治，由于病情严重，最终也未能挽回他的生命。我祖父死后，遗体被停放在祖父母居住的小楼一楼大厅，还请来了和尚念经，出殡时由我捧着祖父的牌位。几个月以后我的祖母由于伤心过度，身体越来越差，最终也离开了人世。他们死后都埋葬在上海虹桥万国公墓。墓碑上刻着我祖父的英文名字“Thomas See”，后来万国公墓改为宋庆龄陵园，我祖父母的坟墓也不知道被迁移到哪里，至今也没有找到。我们曾写信给上海市侨办，也没有下文，不了了之了。

我父亲(Clifford See)1901年9月25日(农历8月13日)出生于香港，并领有英国出生证。我父亲在上海守真中学求学，1922年他和我母亲结婚，并在上海英国领事馆举行仪式。我的母亲林爱珠(Ada See)是父亲的同校同学，出生于1899年3月29日(农历2月18日)。我父亲在上海邮政储金汇业局工作，而母亲一生都没有参加过工作。他们结婚后生有四儿两女，大儿和小儿先后去世。我的姐姐谢月明(Josephine)生于1924年12月24日，我(Joshua)生于1927

祖父谢瓒业在宝山路老家的私人东洋车上

姐弟仨(1934)

弟弟在院子(1935)

母亲(1935)

年3月27日，弟弟谢约翰(John)生于1931年2月14日，妹妹谢爱明(Joy)生于1933年4月4日。我们兄弟姐妹的英文名字都是由一位美国教师(Ora Woodbery)给取的。

我们家坐落在上海江湾路尘园路马家宅9号和10号(一个园子两个大门)，附近的住家户围墙都是用竹子做的，也就是竹篱笆，上端拉上铁丝，晚上再通上电流，以防盗窃。我们家附近就是爱国女子中学，该校的牌匾还是蔡元培题的。一进学校门就是一座假山，假山前还修建了一个用水泥砌的池塘。记得有一次我到学校里玩耍，不小心跌入池塘里，后脑勺摔了一个大口子，亏得救治及时，否则后果将不堪设想。几十年过去了，至今还隐约能看到那一寸多的疤痕。

我们家的后面(北面)是虹口牛奶场，牛奶场后面就是持志大学，有一个四川籍学生，他在我们家对面租了一间民房，经常到我们家，有时带我姐、弟和我外出游玩，钓鱼，到

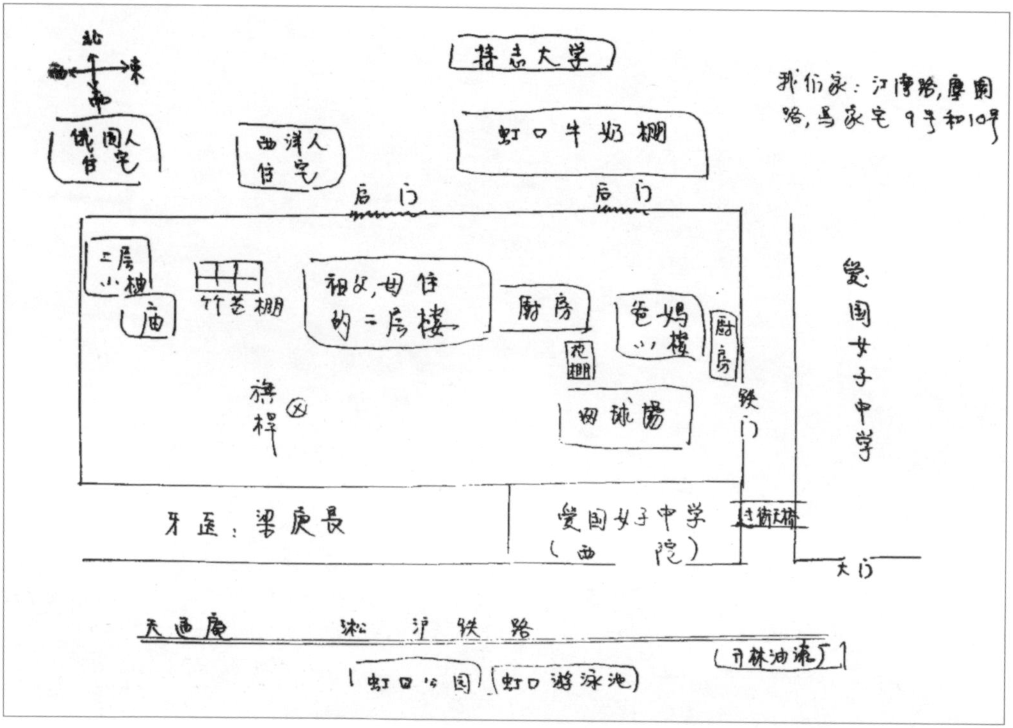

江湾老宅示意图

妹妹在窗口(1935)

妹妹(1935)

姐弟仨(1935)

淞沪铁路看火车，逛公园。我们家的西面有一家西洋人，还有一家俄国人，其实就是“白俄”，也就是俄国过去的贵族。十月革命后，为了逃避迫害才跑到中国来。

我们家前面(南面)住的是原籍广东的牙科医生梁赓长，他家边上(东面)是爱国女子中学西院，那里有个过街天桥和爱国女子中学相连。

我们的院子相当大，像座花园似的，院子内建有三幢两层小楼，其中一幢由我的祖父母居住，一幢由我们爸妈姐弟居住。第三幢就是存放一些杂物，此外还有一座庙宇，里面安放了好几座菩萨，足有两米多高。庙里还雇了一个专门给菩萨做贡饭的厨师，每天傍晚都要在菩萨前摆上贡饭，到了节日还要请和尚来念经，记得有一次还请了一位喇嘛来念经。1933年我祖父母去世后，因为我父母信仰基督教，一把火把菩萨都烧了。

我们的院子里修有网球场、竹林、玫瑰园、葡萄园、桂花园和假山等，桂花开花时

庭院合影(1936)

弟弟和妹妹(1936)

室内合影(1936)

姐姐与母亲在院子里合影(1936)

祖父母居住的小楼(1936)

父母和我们姐弟居住的小楼(1936)

花园内合影

姐妹在花园中合影

国梅，姐妹和我(大门外面就是爱国女中的楼梯)

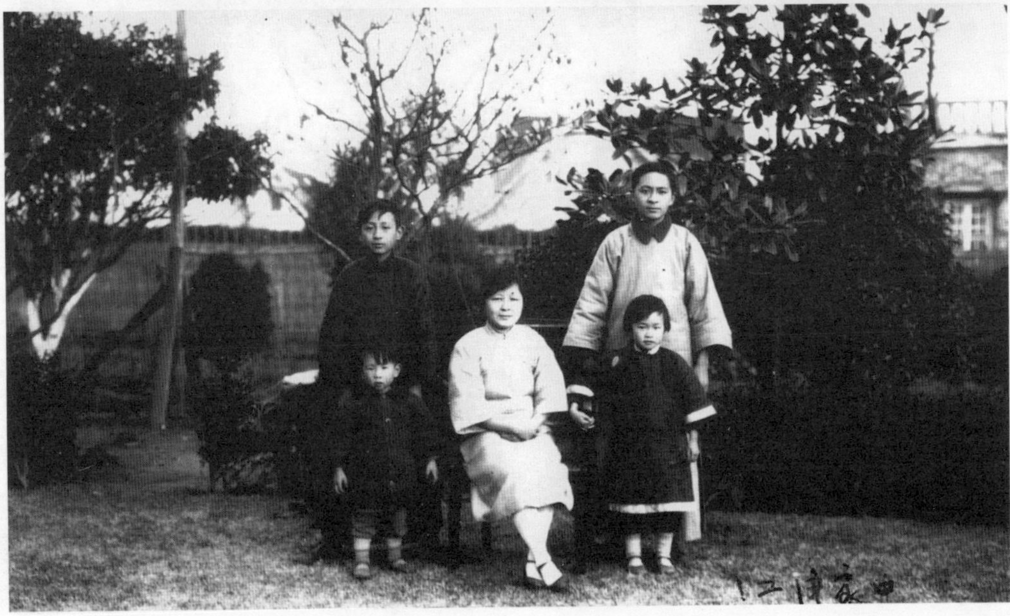

很远的地方都能闻得到花香。在我祖父母居住的小楼旁边还竖立了一根旗杆，足有五六米高，每逢节假日都会升上英国米字旗(我的祖父出生在当时还是英国殖民地的澳大利亚，并加入了英国籍)。1932年“一二八”事变时，我们临时搬到北四川路虬江路一家叫“觉庐”的大厦避难，只留下园丁阿福一人在江湾路老家看门，等局势稍微缓和些，我们回去，才发现在江湾路的家产没有遭到丝毫损失。那家虹口牛奶场的张老板和我们家关系很好，对外声称牛奶场是我们家开的，他们也没有受到任何影响。该牛奶场的张老板为了感谢我们，还免费供应我们家两年的牛奶。

我们家雇了一名园丁叫阿福，专门修饰花草树木，还雇了一名车夫叫才琪，他专门用黄包车拉我们姐弟上学。后来我父亲买了一辆摩托车，才让才琪做了别的杂活。我祖母还找了几个丫环(玲娣，银彩和阿和)，她们

父亲和我们在花园里

母亲抱着妹妹在花园里

长大到结婚年龄都会给她们找个主嫁出去，还给她们准备了不少嫁妆，但一般都是当小老婆，最终命运都很凄惨。我依稀记得玲娣长得最漂亮，她嫁给香港英明照像馆的老板王堂(又名王绍南)当第四个小老婆，还给他生下了一个儿子叫王颂良，后来因为受不了他大老婆的气，最终还是离了婚，跑到南京当了舞女，真是令人痛心，这都是旧社会造成的。

祖父在上海期间还曾发明过一种专门治疗皮肤外伤的“万能药膏”，效果很好，由上海四大公司之一的先施公司总经销。“万能药膏”是以祖父英文名字THOMAS A.SEE音译的，后来他曾把一大批药膏捐献给绥远前方的抗日战士。1937年抗战，上海局势紧张，我们提前在原英租界胶州路190弄3号租了一幢房子，搬家前我们把江湾路老房子的门窗都用钉子钉牢，以为以后还会搬回来的，没想到“八一三”战争中，我们的老家被日本侵略者的炮火几乎夷为平地，时局稍缓和一些后，我曾随父亲回到我们的老家，那里已是面目全非，还看见几个被砍下的骷颅头插在木桩上，真是惨不忍睹。

我十岁时的像片(1937年抗日战争前在江湾路老宅拍的最后一张像片)

江湾家中

我们的学校在上海北四川路横滨桥，每天上学时从家出发都要经过爱国女子中学、上海法学院、天通庵火车站、虹口公园和日本宪兵司令部(坐落在虹口公园斜对过)。机动车路过司令部时都要减速慢行，否则会受到日本站岗宪兵的处罚，日本人在我们中国的土地上还敢横行霸道，主要是我们的国家太软弱，才会受人欺凌。

经过了一个半甲子的岁月，那一切早已不复存在。然而，在我的记忆中，我们的老家绝对是世间上最最美好的花园，不只因为它的美丽，更因为我的童年都是在那里度过的。

母亲在花园中

八千里路云和月[①]

乐彩臣

我1917年8月出生于浙江宁波镇海小港镇的一户半农半职家庭，母亲种田，父亲当会计。

1929年我12岁左右开始读书。首先就读于慰斗学校，一年后该校停办，转入了小港模范学校继续学习，当时也是一边学习，一边做些家务和维持生计的手工，一直读到了四年级初小毕业。

当时社会封建思想严重，家庭内部也比较重男轻女，初小毕业后就要求分担家庭生活负担，因而就不允许继续读书了。由于我在校学习时成绩优秀，自己又很喜欢读书，学校的校长张芝兰先生也很惋惜，所以多次到家里来劝学。然而，虽然母亲表示支持，但是父亲态度暧昧，最后由于阿姊的极力反对而未能再继续读书。回到家中后主要做家务及各种手工。

① 陈锦书整理。

重伤医院合影(一排左四李宣果院长，左五章元瑾；
二排左三起王卓、乐彩臣、姚一心)

左起王昭华、乐彩臣、、郑志远医生、傅科(摄于抚仙湖海宴桥)

夏天多绣花，冬天主要磨锡箔纸，同时还负责照顾两个外甥。我不能继续读书，很不甘心，看到邻居家的同龄人都陆续外出到镇海、宁波织袜厂等地工作自立，自己养活自己，因此自己也不愿再受家庭的束缚，很想独立外出自谋生计，闯出自己的一条人生路。

1935年左右上海市立医院成立并招收一批护理学员。在上海中英大药房学生意的哥哥托药房经理老婆的妹妹(市政府卫生局第三科科长)方静吾介绍我进入上海市立医院，成为一名护理学员。三十年代的上海就是开辟中国新风气、新气象之先河的大城市。由于自己刚从宁波乡下出来，到上海当时这所最大、最现代化的市立医院，难免显得土里土气。甚至还按照在乡下学校里对老先生的礼节，恭恭敬敬地深鞠躬问老师好。这一举止曾让同

途中合影(后排左起乐彩臣、?、钱家骧、姚一心)

学们一直取笑到毕业。精明能干，气质高雅的方静吾科长很亲热，她曾来市立医院看望过自己几次，发现我没有脸盆还送来一个很漂亮的新脸盆，这些情况让周围的人很羡慕，使自己在同学们心目中的地位有所提高。因为自我感觉出身比较低卑，所以我一向很勤奋，很谦虚，也很节俭。医院里负责解决吃住问题，单位的伙食是包餐制，八人一桌凑齐了人就开饭，没有职级区别，饭菜比较好，如同在乡下老家过年过节。自己比较满足，从不买零食，也不舍得其他零用。手头总有一些积蓄。同学们有时没有钱了就向我借。不管谁向我借钱我都借给他们，在同学中间我有“宁波银行”的雅号。每次发了工资，借过钱的同学都能及时返还，大家都笑谈说我得了“双工资”。我节省下的一些钱，一块两块地寄给老外婆及外甥明发、明堃读书，姐姐来信说：老外婆收到我的钱直落泪，说怎么能用“小娘”的钱啊！

途中合影(左起乐彩臣、王卓、姚一心)

途中合影(左二起姚一心、傅科、乐彩臣)

我在市立医院属于护士助理学员，穿蓝色服装。一边工作，一边学习。还有一批护士学员，身穿白色带蓝杠的工作服。开始没有护士助理不得转为正式护士的规定，工作学习快满一年了，突然院方有人提出护士助理不得转为正式护士，引起了同学们的极大反感，集体提出抗议，得到上级的重视。由于一方面开班初期并没有这一条规定，另一方面我们的工作能力都很强，不论配药还是手术间、病房的护理都能承担起来，完全可以担当起正式护士的工作。除此之外，比起正式护士学员自恃清高，爱摆架子，甚至有些人不服从医生们的指令，我们这批学员更能吃苦耐劳，工作努力，学习刻苦，多干多学，技术、业务熟练，尊敬师长，服从指令。所以很多医生、主任们都帮我们讲话，说我们比那些正式护士们干得还好。最后，院方取消了这条规定。

1937年“八一三”淞沪抗战爆发，同济大学吴淞校区被炸，上海市立医院也办不下去了，同济大学校长(市立医院院长)翁之龙亲自动员学校师生员工和市立医院医护人员，参加抗日救护队工作。他讲抗日救亡工作是整个国家和全民族的共同责任，救亡工作人人有责，但也决不勉强。翁校长还在会上拍着自己的胸脯讲："愿意参加者，除飞机大炮炸弹不长眼睛我们保证不了，工作学习生活我们将负责到底。"我当时正值年轻气盛，无牵无挂，直接听到同济校长也是市医院院长的亲自动员，我热血沸腾决心要去参加抗日救护医疗队。可是，我的父亲不放心，想阻挡我的行动，直接跑到学校询问情况，校方有关人员也给予了同样的回答。由于我的决心已定，因此没能挡住，最后我说服了父母，参加了同济大学及市立医院组织的抗日救护医疗队。

我们同济大学组成的医疗救护队第一次参加抢救护理抗战将士的工作，是在市区比较靠近前线的一座很大的洋房里，当时成立了"红十字临时重伤医院"。由翁校长亲自任院长，郭秉宽教授任医务长，张静吾、黄榕增、章元瑾、李化民、唐哲等教授和医学院的一批学生都参加了。红十字临时重伤医院设病床120张，主要是抢救直接从淞沪前线转运下来的重伤员。伤员中有很多人都是年轻的义勇军战士，这些年轻战士满腔的热情和不屈的抗日精神很让人感动，但缺少战斗经验，伤亡很大。当初，战事非常紧，伤员特别多，整个院子里都摆满了担架，医疗条件和辅助设施也比较差。临时重伤医院里又缺医少药，众多伤员有时在没有麻醉药品的情况下，仍要进行伤口处理，甚至还要从伤口中取弹片。那些伤员的顽强精神和痛苦的表情及呻吟，让我们这些年轻护士们心痛落泪。医护人员都是不停歇地连续工作。我就曾连续三天三夜工作在手术室和病房中，只是在饿极了的情况下随便吃几口饭，根本就没有想睡觉的感觉。当时也年轻，完全处于一种热血沸腾、精神极度亢奋的状态之中。然而，即使这样不停地工作，仍然有许多重伤员无法救治而牺牲。当时那些死亡战士的尸体暂时存放在一条过道处。我们搬运死亡人员尸体时，手上常常沾满黏糊糊的血液。尸体多时甚至要叠放四、五层高，我们女护士放不上去，还要男护士们帮助。那些场景至今仍历历在目，印象深刻。

后来战事稍有缓和，救治伤员的医疗秩序逐渐恢复，我们转移到了南市区的一家医院里。我也从手术室和病房转到药剂室工作，主要就是配制生理盐水，制作雷夫诺尔凡、士林纱布等。在这期间，日本飞机在大世界附近人流密集区投下三颗炸弹，很多无辜市民伤亡，救护任务又加重，每天都要做到晚上十点钟以后，第二天早晨三点前又要起来继续工作。

途中野炊

随着日本军队入侵上海市区，上面要求医疗救护单位向大后方搬迁，所以我们救护医疗队要带着伤员乘火车向内地转移。一路上在火车里或站台上为伤员们治伤换药。敌人的飞机不断地进行围追轰炸。一天早晨，天刚蒙蒙亮，我们的列车在长安车站遭到日军飞机的猛烈轰炸，整趟列车被炸死了很多人。印象中还有许多逃难的和尚和尼姑。我躲在车厢底下被一个皮箱的把手卡住了脖子，上面还有个人压着，我急呼："让我透口气，让我透口气。"这一呼救也一直被同学们作为笑柄传说下去。当时的场面惊心动魄，大有与死神擦肩而过的感觉。

日军飞机轰炸结束，我们同济医疗救护队的人员找到一起清点人数，结果是零伤亡，一个人也不少。大家十分高兴，到了杭州，翁校长亲自设宴招待医疗队所有成员，庆贺大难中没有伤亡可喜可贺的成果。

随着形势的进一步紧张，我们医疗救护队也按学校的安排，先后以中国红十字会第一重伤医院(由李宣果教授任院长)、南京军医署所属第五重伤医院(由张静吾任院长)等名称，看护着伤病员不断沿着浙赣线内撤。途经浙江金华等地停留了一段时间，后继续前行抵达江西吉安，一路上为我国抗战受伤的将士们服务。到了江西吉安，我们第五重伤医院就座落在白鹭洲上，伤员们经过一路上的治疗护理基本伤愈，重伤医院工作任务减轻，开始转为当地百姓治病服务。当地百姓能得到我们同济大学医学专家们的诊治，都很高兴，每天病人络绎不绝。

1938年7月我们离开吉安，跟随着学校一路辗转，先后

与佛海茶厂家属合影(前排右五李县长夫人，右七茶厂主任夫人；后排左二姚一心，左三乐彩臣)

与中山大学(农科)同仁在一起，中排左一乐彩臣，左三王卓?

经过萍乡、衡阳、南昌等地，于1939年1月左右到达桂林。我们在桂林停留了较长一段时间，于4月底继续出发，经广西南丹等地，一路跋涉最后于8月左右到达昆明。

自从1937年“八一三”淞沪抗战开始，跟着学校组织的医疗救护队，一路上边工作，边学习，又整整经历了两年时间，大大地丰富了自己的阅历和专业技术能力，最后于昆明得以毕业。

1939年下半年根据当时形势，为了抗日要加强边疆的开发和经济建设，当地一位社会知名人士实业家白孟愚先生，受云南省财政厅的委派，为发展边疆经济，经过仔细考察选择了在云南南部西双版纳地区创办一座现代化机械制茶的茶场，在昆明等地招募一些专业技术人员去版纳地区参加茶场的开发建设。由于版纳远离昆明，属于热带雨林地区，湿热多雨，蚊虫繁多，瘟疫疾病也很多见，因此也需要一些医务人员。招募在同济大学里也进行了动员，白孟愚先生的儿子也是同济大学的学生，找到他熟悉的同济医科毕业的钱家骧医生，钱医生又找到我和姚一心，我们都是从上海同济救护医疗队一路走过来的同事，还有一个由医疗队张鸿钧医生介绍的王卓(淑珍)，我们四人做为同济派出的医务人员一起去云南版纳参加茶场的开发建设。确定下来以后，我们就住进了茶场设在昆明的筹备处白塔巷，这里也是白孟愚场长在昆明的宅府。我们在这里着手进行建立茶场医院的筹备工作，购买所需的药品和各种医疗器械设备等物资。

由于白孟愚是当地很有影响的人士，家里的客人很多，许多知识分子如西南联大的白寿彝等学者也都是他家的常客。有机会与那些有识之士一起交流深受启发。他们对我们这些从上海同济来的学生不畏艰难困苦，能去艰苦西南边疆，参加茶场开发建设的精神很钦佩，给我曾留赠言赞赏有加。

经过一个多月的准备工作，我们终于踏上了开赴西南边疆西双版纳热带雨林的行程。我们一起启程同行的，还有兴业银行等共三个单位的人员，当时云南的交通还很落后，运输主要是靠马帮队，物资都由马匹驮着，人也是骑马，三个单位的马帮队伍浩浩荡荡。我们“云南省思普区茶叶试验场”队伍里有我们同济大学的四个医务人员和一位土木建筑毕

与中山大学农科同仁合影，左二王卓、左三乐彩臣

左起外科主任章医生(同济)、钱家骧、王卓

业的工程师，另外还有广州中山大学毕业的八位有关茶叶栽培和机械制茶等方面的技师及茶场里领导和管理人员等三十多人，大家都骑着马一路前行。我们的队伍里共有三个女士，唯有我的骑马技术最差，经常会从马背上摔下来，几天下来我被摔得糊里糊涂，越向前走路途越艰险，在崇山峻岭之中的山路往往要经过许多一面紧贴崖壁，另一面紧临深不见底的悬崖路段。白场长真的怕我这样不断从马背上掉下来，会有生命危险，不得以为我雇了滑杆，这使茶场又增加了一笔路费，场长一路唠叨很是心痛。后来，道路相对比较平坦了些，我又改为骑马，由马夫牵着平稳了许多，这样一直坚持到了最后。整个行程足足走了一个多月，终于到达了云南佛海(今勐海)县境。

到了佛海，我们“云南省思普区茶叶实验场”医疗卫生院被安排在一座祠堂里，房舍还算宽敞。由于当地缺医少药，再加上我们的白场长也是个心地善良的慈善家，他要求我

左起王卓、姚一心、？、钱家骧、乐彩臣

们不仅要为茶场的职工搞好医疗服务，还要为当地的百姓们看病服务。而且规定为当地百姓看病也不收诊疗费，只收一点药品的成本费，所以我们的门诊部深受当地老百姓们的欢迎。当时离我们不太远的同一个镇上还有一个“中国茶叶公司”的门诊部，据当地的百姓讲那里的医务人员很摆架子，故大家很少去那里看病。

为此，我们的门诊部工作量一直比较大，有时一个上午就要处置五六十个病人。我在茶场医院主要负责药房工作，每天除要按医生处方为病人配发药品外，还要自制生理盐水、凡士林纱布、雷夫诺尔纱条等制剂。另外还要定期去南桥(今勐海县勐遮乡)、南糯山、天平山等几个分场巡诊、配药等。虽然工作很忙，但从来没有出现过任何差错。我对待同事和病人也都很热心，一直深受医生和白场长的肯定。我们的钱医生工作很细心，医术很过硬，医治好许多病人。我们的医疗服务受到当地人民群众的好评和爱戴。当地的人

佛海合影(左起姚一心、
王卓、?、乐彩臣)

们经常请我们去他们家里做客，其中不乏有些镇县长、茶场主等社会名流，他们也为能与我们这些来自昆明、上海等大都市的医务人员交流往来感到高兴和自豪。

在缺医少药的西南边疆，有疾病的人群需要我们的帮助，虽然边疆环境艰苦，生活条件十分落后，但总感觉在思普茶场那段工作、生活的经历，还是很充实而愉快的。

由于抗战形势越来越紧张，开发建设茶场的计划与实际进程相差甚远，一年过去，厂房建不起来，制茶机械也没有着落，那些工程和制茶专业方面的技术人员都觉得无所事事，陆续要求离开了茶场，这也影响到我们医务人员。同去的三名女医务人员中，其他两人都要离开，我一个人也不便留下，尽管白场长很器重我，一再挽留，但我还是决定与姚一心、王卓三人一起，于1941年5月启程回昆明。一年过去，云南的交通有了一定改善，记忆中返回昆明时，一路主要是乘汽车，日行夜宿，颠颠簸簸，风尘仆仆，走了六七天才抵达昆明。

1941年6月我们回到昆明，又经同济大学崔医生介绍进入了昆华医院药房工作。这座医院虽不如上海市立医院，但也是当时昆明市里最好的医院。这所医院是由云南大学医学院毕业的医护人员主持工作，属法医派系(同济属德日派系)，管理制度与药物名称等都有所不同，刚刚进去工作自己觉得也不适应，于是自己就一边认真学习，一边努力地工作，很快熟悉了工作环境，药房主任对我很赞赏。

1942年4月抗日战争形势更加严峻，日本封锁了中国沿海港口及滇越铁路等所有与国际联系的交通运输线，滇缅公路一度成为中国抗战大后方陆上唯一的国际交通线，承担着国际援华抗战物资补给运输大通道；也是整个世界反法西斯战争中，中国远征军与国内联系的主要通道。当时“滇缅公路工务局”负责这条运输大通道的维护抢修任务。我们又响应了参与保障抗战交通运输生命线的动员号召，我和姚一心又由同济崔医生介绍加入了“滇缅公路工务局”职工医院的工作。此后我们跟随着滇缅公路工务局，一直转战在滇西南山区，为抢修和确保滇缅公路运输线畅通的筑路工人们开展医疗服务。为抗日战争最后胜利，也为西南边疆社会的发展与经济建设做出了积极的贡献。

从1937年参加“八一三”抗战医疗救护队撤离上海起，经历了十年的颠沛流离和艰难困苦，在各种环境和条件下，始终保持着勤奋和扎实的精神，不断地学习，努力地工作，为民族解放和国家西南边疆的建设发展，尽了自己的最大努力，奉献出了自己的青春年华，直到1947年春返回上海。

援建坦赞铁路亲历记

黄金如

坦赞铁路建于上世纪七十年代，是我国在万里之外援建的一项最大工程。东起坦桑尼亚的达累斯萨拉姆，西至赞比亚的新卡比里姆博希，全长1865公里。全部工程于1970年10月开工，1976年7月完成，历时5年零8个月(不包括之前的勘测设计时间)。坦赞铁路建设期间，我国平均出动援外职工万人。在六个年度内，前后参建援外职工达三万余人。

坦赞铁路的建设领导机构是坦赞铁路工作组，内设办事组、政工组、后勤组、生产组(在达累斯萨拉姆的工作组大院内还有援外医院和援外人员接待站)。从1970年11月至1975年7月，我一直在生产组工作，地点大多在达累斯萨拉姆，也有一段时间在姆贝亚。

工作组全员七十人左右。当时各级对出国援外人员审查非常严格，要把名单资料送交国务院副总理签字批准(一般先由个人提出申请)。援外人员出国护照有三种，我们作为主要技术干部拿的是绿色的官员护照，一般职工是蓝色的公务护照，工作组领导是红色的外交护照。第一次出国前要经过一周培训，参加援外人员训练班学习，主要学习国际主义、外事纪律、受援国风俗习惯及坦赞铁路设计、施工准备情况。学习完后进行体检，打防疫针，置装，每人都是清一色的中山装、解放帽。

援外人员多从广州乘坐海轮前往达累斯萨拉姆，当时有建华、耀华、明华三艘客轮供使用，间或也有坐飞机的。我两次出国，来回四个单程，三次坐轮船，一次坐巴航(巴基斯坦航空公司)飞机。坐船印象最深的是建华轮，因为一到大洋，我就不晕船了，船上有台钢琴，别人都不玩，我就随性所之，自得其乐。

援外人员在国内原工资照发，由家属代领。在国外伙食费标准每人每月合人民币120

笔者在坦赞铁路设计组驻地练习双杠

元。由于中国人在国外也保持勤劳节俭习惯，各单位都种菜、养鸡、养猪，进一步改善伙食。我不会养鸡、养猪，就参加种菜。记得有回心血来潮，写信向家里要了些苦瓜籽，种在达累斯萨拉姆工作组大院内。苦瓜虽结得很好，外观很不错，但一剥开，里面满是虫子，我也就此罢手。在国外，每月每人还发给零用钱合人民币40元，会抽烟的几乎每月都把零用钱

(后左起)卢双文、吕印堂、李本深、徐宽福、许洪福、曾兆年，(前左起)姚秉勤、杜旭、王晴初、詹恒仁、笔者、张书舫在坦赞铁路工作组楼前合影

(后左起)姚秉勤、卢双文、曾兆年、徐宽福、吕印堂、詹恒仁，(前左起)许洪福、王晴初、李本深、笔者、张书舫在坦赞铁路工作组楼前合影

笔者摄于达累斯萨拉姆坦赞铁路工作组院内医院走廊

花光，我则和多数人一样，把它攒起来买了收音机、照相机、手表或咖啡、罐头之类物品带回国内。我们每次在国外延续两年左右，到期回国，或在国内休假约一个月后再去。

坦赞铁路工作组机关初期设在达累斯萨拉姆郊区库拉西尼，后期搬到赞比亚境内姆比卡(库拉西尼留部分人员负责收尾配套等工作)。库拉西尼自然环境很好，背靠海湾，工余可下水游泳、玩耍或抓螃蟹吃。我不会抓螃蟹，只能站在沙滩用线绳把螃蟹绑起，提起一串，然后拿回室内，煮熟大家一起吃。当然，坦桑尼亚气候燠热，植物繁殖茂盛。自然动物园是有名的，但各种毒虫也种类繁多，笔者曾被牛虻蜇过多次，第一次反应最厉害，后来只要擦擦清凉油就好了。另外，白蚂蚁、非洲痘虫(中国人起的名，一种寄生在趾缝里的蠕虫)、专蛀吃木头(特别是睡觉的木床板)的小蠕虫，以及刺刺蝇的幼虫——即专门寄生在人体(背部)的小蠕虫(特别爱光膀子的人)等，令人特烦。待到了姆贝亚，以及赞比亚境内，这些小毒虫，就很少见了。

为了与当地的既有铁路接轨配套，坦赞铁路的轨距是1067毫米(与国内的标准轨距1435毫米不同)。因此，无论线路、轨道、桥梁、涵洞、机车、车辆，都要重新设计，工作量很大。建设费用按人民币九亿八千八百万元计，尽管实际超过较多，也按此计算。

修建坦赞铁路的现场单位有七个机械筑路队(随工程进展从三个增加到七个)，一个铺轨架桥队，一个材料厂、汽车运输队、木材厂、采石场、机车车辆厂，以及设在蒙古拉的机械修配厂、成品厂、工地医院等。铁路分段开通后还设立有临管组。

笔者在库拉西尼站内留影

在钢筋混凝土梁上进行铺轨作业

(左起)王晴初、笔者、陈栋材摄于在建的达雷斯萨拉姆站房前

笔者于1970年11月赴坦，1973年3月回国休假一个多月后再次赴坦，1975年7月回国。在援坦的五个年头，我都在工作组的生产组从事施工管理、施工指导工作。前期在达累斯萨拉姆，其后前往姆贝亚(工作组前方指挥机构)，不久仍回达累斯萨拉姆。主要担负五项工作：一是有关施工计划安排，如成品厂各期各类成品生产品种数量的计算和计划下达，现场机械筑路队施工计划的审查，现场施工单位之间的协调，等等。二是准备工程或临时工程的规划或设计。三是设计文件的审查或必要的修改完善补充。四是从1974年至1975年还有一项重要工作，是对某些存在质量缺陷的工点，进行修补改善或翻修工程。如对路基下沉、翻浆冒泥地段的整修，裂缝涵管的整治。最后，还有一项收尾工作，即工程移交工作及移交前的准备工作。如蒙古拉的坦赞铁路与既有东非铁路的联络线工程，约15公里就有20多处与当地农场的平交道。在移交前，我与当地农

笔者在姆贝亚站前留影

(后左起)曹本初、朱发衔、李述全、卢双文、张学仁、许振帆、陈栋材，(前左起)王盛海、笔者、蒲学良、周庆有、徐宽福、李瑞亭摄于姆贝亚坦赞铁路工作组

(后左起)李述全、李瑞亭、徐宽福、周庆有、王盛海、陈栋材、朱发衔、许振帆、曹本初、卢双文,(前左起)张学仁、笔者、蒲学良摄于姆贝亚坦赞铁路工作组

许洪福、姚秉勤、王晴初、李本深、陈栋材、赫冰、靳林、钟鼎、王盛海、沈德昌、吕鸿章、陈炎林、笔者、张友仁摄于达累斯萨拉姆坦赞铁路工作组

场协商，说明当时平交道太多，正式通车后对行车安全不利，对方很明智，两次谈判，就主动同意将21处平交道减少到7个。随后又主持了伊法卡拉公路便桥的移交事宜(移交当地有关机构)。

坦赞铁路沿线气候湿热，无春夏秋冬之分，只有旱季与雨季。雨季大雨绵延不绝甚至暴雨成灾。地质情况复杂，线路横跨东非三大裂谷，最大地震烈度达九度。线路跨越漫流河川，烂泥沼泽，穿越藤萝交织的热带密林草莽和天然动物园，翻越沟壑纵横的层峰叠岭，毒蛇、毒蜂、毒蝇、野牛、猛兽遍布其间。面对此种自然环境，最艰苦的是勘测设计人员，他们要在密不透风，闷热异常的密林中开辟出条条通道。他们遭遇毒虫毒蜂机会也比施工人员多。

1970年我第一次赴坦，正是越南战争时期。当时美国政府将南越附近、我国南沙群岛以西一段公海宣布为"战区"，禁止任何船只进入。我国政府不承认美国单方面宣布的所谓战区，因而我国客轮的航线仍大致按习惯进行，穿越美国宣布的"战区"一角。1975年我们回国时，形势缓和了。当我们的客轮驶入前"战区"时，发现一艘美国航母在离我们客轮约数公里处。不一会儿就有飞机一架接一架腾空而起。在那时的国际形势下，我们知道不会出问题，都涌到甲板上仰头"检阅"他们。共有24架飞机在我们头顶上低空盘旋，

黑人妇女头顶物件通过坦赞铁路平交道

颇为壮观，偶尔还有飞行员向我们招手致意。这真是一次难得的际遇。

在坦赞铁路工地数年，最使我们痛悼的是：有64位战友献出了他们的生命(据说有一位是被毒蜂蜇死的)，特别是其中有我的朋友李景普同志。他是第二铁路工程局第五工程处处长，甫到坦桑，在从达累斯萨拉姆向工地进发途中遭遇车祸身亡。在前一天晚上，我们还他乡遇故知，倍感亲切，在接待站畅叙约两个小时之久，岂料就此永诀!

为了永远纪念为修建友谊之路、自由之路而牺牲的烈士们，在李本深同志坚持和主持下，在达市郊区修建了烈士陵园。陵园四周砌筑了花格式围墙，陵园内砌筑了64个墓穴，埋葬着烈士们的遗体或骨灰。立了64块墓碑，刻上他们的姓名及出生和牺牲时间。让我们永远缅怀他们，永远悼念他们。

由于当地车辆是左侧行车，我们的司机很不习惯，一不小心就会酿成撞车事故。除李景普同志外，还有几位也是因公路车祸身亡的。同时，在坦赞铁路修建过程中，坦、赞的

当地群众观看赞比亚境内谦比西大桥架梁

坦赞铁路铺轨至姆贝亚庆祝大会上，男男女女载歌载舞(1973.7.10)

坦桑尼亚朋友载歌载舞.

庆祝坦赞铁路铺轨至姆贝亚庆祝大会(1973.7.10)

黑人妇女跳舞

“拉菲克”(斯瓦希里语——朋友)也有157人献出了宝贵生命!

修建坦赞铁路，不单有物质上的成果，还促进了文化交流。当年坦、赞两国派遣了许多人到中国留学，他们学了中文，学了汉语普通话，而我们援外职工也学他们的语言。一次，铁路工作组领导和我们乘中吉普行走在从卡比里姆博西至卢萨卡的公路上，车上有顾月娟和薛银凤两名女翻译，她们是来学娘家语的。工作组副组长靳辉问她们：“‘你好，朋友’怎么说?”顾说：“玛布里尼，穆怪伊”。靳辉说：“什么?妈不理你，莫怪!这话真牛。”靳又问：“那‘再见，朋友’怎么说?”顾说：“沙拉尼泊，穆怪伊。”靳辉说：“这更厉害了，杀了你呗，莫怪!”大家一阵大笑。在赞比亚境内施工的援外职工，特别是小伙子，学了个“莫怪伊”，日常就用上了，口语中经常出现这个词，就像港澳电视剧中经常出现“某某sir”一样。听着颇觉有趣，生动活泼。

当时派到坦、赞两国的中国人，还有其他工作组如医疗队、农业工作组、广播工作组等。但坦赞铁路工作组人数多、规模大。坦赞铁路援外职工很多与当地“拉菲克”交上了朋友，援外职工中不乏会各种手艺的，有的会凿石碓臼，这个东西可以用来舂包谷芯，援外职工回国时，就把石碓臼(通常20～30厘米大)送给拉菲克，拉菲克当然非常高兴，有的还向援外职工学会了凿石碓臼的手艺。

坦赞铁路沿线气候湿热，生机旺盛，各类无名毒虫种类繁多，孳生繁衍，与人为敌。首先遇到的是白蚁。初到坦桑，对付这些小妖魔，我们的大师傅很有办法，因为大案板都是木头的，是白蚁的好食料，大师傅就在支撑案板的板凳腿下套上罐头盒，内装柴油，这就隔断了蚁路，使案板免遭蛀蚀。还有一些小虫是国内未见也未曾听说过的。其中之一是“非洲痘”虫，感染率很高，症状是趾缝里莫名其妙地痒痒起来，继之有刺疼，细看有小黑“痘”。得过这种毛病

坦桑尼亚百姓观看铺轨

坦赞铁路工作组有关人员在基沙基附近现场观察白蚁包，右一为笔者

的人很多，我也荣幸地被它光临过一次。得了“非洲痘”，就到医院医务室，大夫一看，就做点小手术，将皮肤切开个小口，挑出小蠕虫，上点消炎杀菌的药就好了。更烦人的是一种“刺刺蝇”，爱光膀子的人往往受它的害。坦赞铁路工作组后勤组组长王庭槐同志一天觉得背上多处痒疼难受，经大夫检查，需做小手术，把小蠕虫挑出。究其原因，这是一种飞蝇，在叮人皮肤时，把卵产在皮下，几天后孵化成小虫，如果不切除，你得“养”着它长大，会使你十分难受。还有一次，我发现褥子的底面和床板上面有无数小孔，每个小孔里都有小蠕虫，用“挑”的办法显然不现实，只好又是开水烫，又是打滴滴涕，把蠕虫杀死。(注：“非洲痘”、“刺刺蝇”都是中国人、中国大夫起的名字)

在坦赞铁路坦桑段开通临管运营一两年后，又发现白蚁竟然在有些路肩上建起了“蚂

蚁包”——小土塔，高者一至两米，底部直径大者五六十厘米，它们把路基本体下面的土都搬运、堆积到上面来，直接危害路基的稳定安全——我们到现场察看了以后也提不出什么特别好的办法，只好留待以后线路运营养护中研究解决。

非洲的野蜂很厉害，但只要不主动去捅“蚂蜂窝”，它很少主动袭击人。可牛虻就不一样了，在基达杜附近野生动物园一带，牛虻见人就叮。在坦赞铁路临管期间的列车上，牛虻也会飞进车厢叮人。我第一次在车厢内被牛虻叮咬了胳膊，肿起像半个鹅蛋大的包，我非常着急，找到大夫给我上药，三几天后(每天上一次药)才好。不过随之而来的第二次、第三次……就没有那么严重了。因为此时身体有了一定抵抗力，毒素威力就减小了，只要涂点清凉油就可消肿止痛。

初到非洲，我们发现一种不好理解的现象——黑人“拉菲克”往往在洗完澡后浑身满涂肥皂，而且不把它冲去。这是为什么？原来这是对付蚊虫、蚂蚁等毒虫的办法之一。大概毒虫的毒素一般都是酸性的，而肥皂是碱性的，所以肥皂可以起到中和毒素减轻毒力的作用。

坦桑尼亚的自然动物园里，大象、斑马、长颈鹿、犀牛、羚羊……让我们免费观赏。这些动物，遨游在辽阔的草原上，万类霜天竞自由，让你有回归大自然的感觉。这里没有老虎，但有狮子、豹子等野兽，不过较少见到。大象力大无比，在原野里毫无忌惮，有时在公路上大摇大摆踱步，你驾驶汽车也不要惹它，只能按响喇叭请它让路，否则，它可以一鼻子把你的吉普、轿车掀翻。狮子是兽中之王，更是天不怕、地不怕，爱走哪就走哪。据说有一次，一台单机(内燃机车)行驶在大鲁阿哈至蒙古拉之间的线路上，发现前方一头狮子骑着一侧轨道向前行走，挡住了机车的进路。它不紧不慢，大有“我是兽王我怕谁”的气概。随着机车的迫近，这时，无论司机怎么鸣笛，它都无动于衷，就是不下道。这样磨蹭下去不行，司机没法，只好慢慢接近，轻轻推搡它的屁股，请它让开(因为自然动物园里动物是受保护的，不得随意伤害)。经这一推，狮子就滚下路堤的边坡，倒在护道上了。不过听说后来这狮子倒没有死，而机车排障器上却有血迹，据分析是狮子屁股被推了一下，它很愤怒，回头就在机车的排障器上咬了一口，排障器当然安然无恙，狮子却因用力过猛，齿龈受伤出血了。

列车运行与动物的移动形成了矛盾，也许经过一段过程，问题不会很大。但坦赞铁路通

车后又发现一个新问题：大象在横过路堑时，前腿伸直，后腿跪下，从坡顶滑到线路上，把堑坡上护砌的草皮通统擦光，直接影响堑坡稳定。这类问题，只得留给运营养护部门解决。

修坦赞铁路，都挑选思想好、身体好的人员，要能接受苦、累、险和罹患疾病等的考验。所以世人和当地拉菲克，都对我援外战士表示敬意。当我们还遇到过一些英国大小伙旅行者(他们自称为traveller)，他们的刻苦精神，更使我们感到钦佩。一天傍晚，我们在姆贝亚的驻地(当时我们驻地只有十来人，为施工做前方调查、施工准备；驻地也只有一个伙房，几顶帐篷)，来了个白人小伙，背着行李，要求投宿。我用英语告诉他，让他去找旅馆住宿，我们没有条件接待你。他说他没有钱，只要在帐篷内过一宿就行。我转身征求机

筑队长的意见，他不表态。我只好说，你没钱怎么来这里的？再说坐车也要钱哪。结果他说，他是徒步走在非洲的公路上，行李中带有干粮、饮水，饥餐渴饮，不怕风吹、日晒、雨淋，在公路上边走边拦车，拦着就坐，拦不着继续走，天晚就向人求宿。这说明：他们都是为了经风雨，见世面，体验生活，锻炼自己的。这时我想起，在我们驻地附近有个教堂。于是我用手一指，说：你可以去那儿教堂求宿吧，教堂讲慈善，一定会接纳你的。他看没法了，就重新背起行李，朝着来的方向(也是教堂的方向)走了。他年约二十，人高马大，背负的行李少说也有五十多斤。这些旅行者的精神，很值得我们学习。

坦桑尼亚、赞比亚旅游胜景很多，如赞比亚的维多利亚瀑布、坦桑尼亚的自然动物园

(左起)许振帆、黄世达、笔者姚秉勤在坦桑尼亚土库尤陨石上留影

等。但有些却知之者不多，如真正的水帘洞，就在坦桑尼亚的土库尤。土库尤离姆贝亚南面约60公里处。一天我们去游览这个水帘洞，这是个三面环山的地方，我们从左面的半山腰走到正面洞口，洞口上方是飞流直下的瀑布，正好像一席门帘，构成了真正的水帘洞。我们从侧面也就是水帘后面进入洞里。洞的大小大约与江西赣州通天岩差不多。洞内凉爽安静，听着潇潇水声，真有点世外仙境的感觉。从水帘洞出来，走不远又有一处天然景

在坦桑尼亚库九瀑布前留影

在坦桑尼亚伊林加山坳里留影，右为笔者

观，就是其大如牛的陨石，我和黄世达、许振帆、姚秉勤四人就坐在陨石上留了影。

在坦桑尼亚的自然动物园里，大象过着与人无争的生活。援外职工来了，免不了就要发生些摩擦。在大鲁阿哈河畔安营扎寨的第三机械筑路队的援外职工，对大象心存戒备，他们养了看家狗，以防万一。他们也种了些蔬菜，以改善伙食。一天，一头大象昂然冲着营地来了。三四个小伙子就把狗放出来，并唆使狗去干扰大象的去路，两三条狗汪汪乱叫，在大象肚皮下面来回穿梭，大象甩着长鼻子，却怎么也摆脱不了这群狗的骚扰。无可奈何之下，大象大吼一声，撇开这群狗，直奔几个小伙子来了。他们撒腿就跑，进到营地里，钻进房屋内，关起了房门。大象一看，斗争对象没了(大象一般不会进入我们用栅栏围起的营地)，无意中却发现了王胖旦，低头正在鼓捣菜地呢，王胖旦猛然发现了大象，大惊失色，落荒而逃，直奔大鲁阿哈河边而去。大象在后紧追，一直来到河岸上，可怜的王胖旦一跤摔倒，横躺在岸沿。大象用鼻子轻轻一推，王胖旦就滚下去了，所幸半坡的树茬把他拦住了。大象一看大功告成，就扭头而去。随后，王胖旦成了斗大象的英雄，逢人就讲述这段惊险而豪迈的经历。

约园杂忆

郭 骏

我是1947年夏季考大学的。当时考取圣约翰和沪江两所大学。不巧的是，那年美国教会方面决定把它在江浙所办的三所大学即：上海圣约翰大学、苏州东吴大学和杭州之江大学合并起来，重新分工。工学院分给之江，所以，要想进土木系，就只能到杭州去。1947年正值内战紧张时期，我的父母不同意我离开上海，所以我就进了沪江大学的物理系。不曾想那次教改完全失败。三个学校闹得一塌糊涂，半年后就解散，仍旧恢复原来的教学系统。于是我就又从沪江转学到约大，仍旧读父母要我学的土木系。

1948年初，到约大去办理入学手续。由于好多学生是从之江、东吴和其他院校转来的，所以和新生开学一样，各系都摆了摊子，帮助新同学选课。实际上，这也是共产党在校内的地下组织联系群众的最好机会。

圣约翰大学的学制是完全照搬美国的。学生选课有很大的自由。有公共必修、系必修、公共选修、系选修。各课又有选老师的问题。特别是公共课，如数学、语文、英文、物理等等。例如：有的老师讲得好，但考试严格，不易通过，有的讲课敷衍了事，但考试总能通过；上课时间不能冲突；有的选修课还可以选成另一个系的必修课，例如土木系可以把建筑系或力学系的必修选为选修，这样，多上一两年就可以得到两个学位；还可以选一些认为将来工作中有用或自己爱好的课程，例如会计学和音乐欣赏，等等。这些，都需要高年级同学的帮助。当时接待并帮助我选课的就是地下党员张雪涛，他是我最好的朋友和同志，可惜后来到苏联进修，独自在河里游泳时不幸溺毙。

圣约翰大学从今天来看，实在是一个小得很的学校。据我的记忆，当时全校一共只有

曲世江、邓婉倩

大樟树下

像济公模样的曾邱留在玩我的手风琴

不到两千个学生。然而，据说曾经藏身于圣约翰大学的地下共产党员，却有近一百人之多。

由于都在外校学了半年基础课，这些约大都予以承认。因此入校后就在这些基础上接着选课。从之江大学回来，和我同时到约大工学院土木系的同学大约有十名左右。我说“左右”大家一定很奇怪，怎么会连有几个同班同学都搞不清？问题是虽然同时入校，进相同的系，但是各选各的课，各选各的教课老师。虽然是同时报土木系的同学，一学期内，听相同老师同一堂课的机会并不很多，所以不一定很熟悉。由于是按学分，所以同时入学的也不一定同时拿到学位。例如同时入校的徐瑞麟就在三年半时修满学分毕业了。比我晚进入土木系的洪传洁入学几年后突然改学医学院的课程，后来拿到医学院的毕业证。所以，同时进校的同系同学在前几年很可能互相并不熟悉，只有在上高年级专业课后才可能熟悉。

校园合影

进了约大土木系后第一个学期上课，给我印象最深的是画法几何这门课。不是课的内容，而是授课的老师朱昭宣。他和我同岁，是1930年生人，1948年初还不满18周岁。他已经学完了土木系的学分以及力学系的大部分课程。约大是美国办的大学，讲课都用英文，所以他也是用英文给我们讲授的，而且讲得很清楚。由此可见，圣约翰大学在培养和选拔人才方面，确有独到之处并且不拘一格。

老师们：(左起)李寿康、胡沛泉、张问清、林佺、蔡光勤

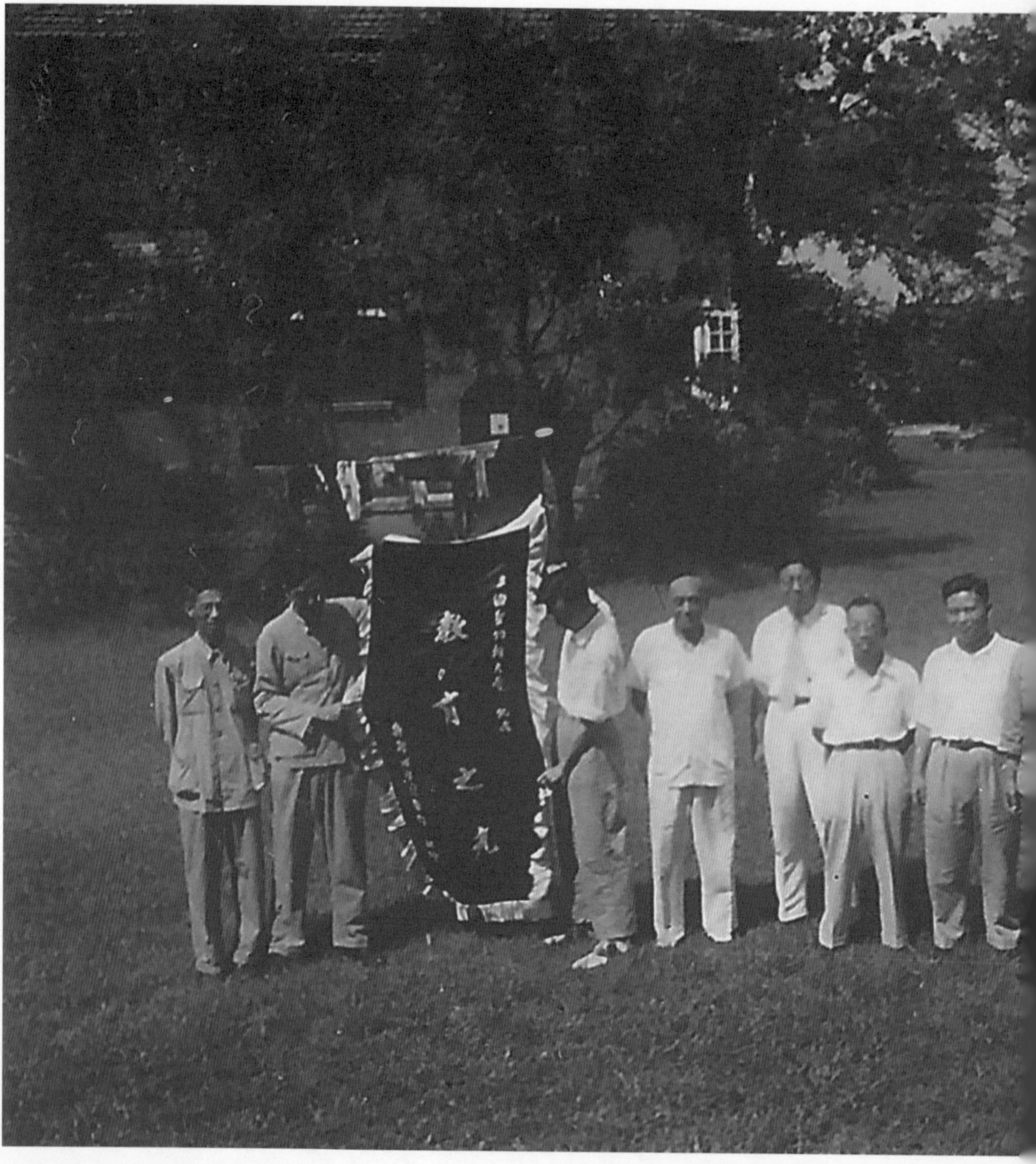
教育之光

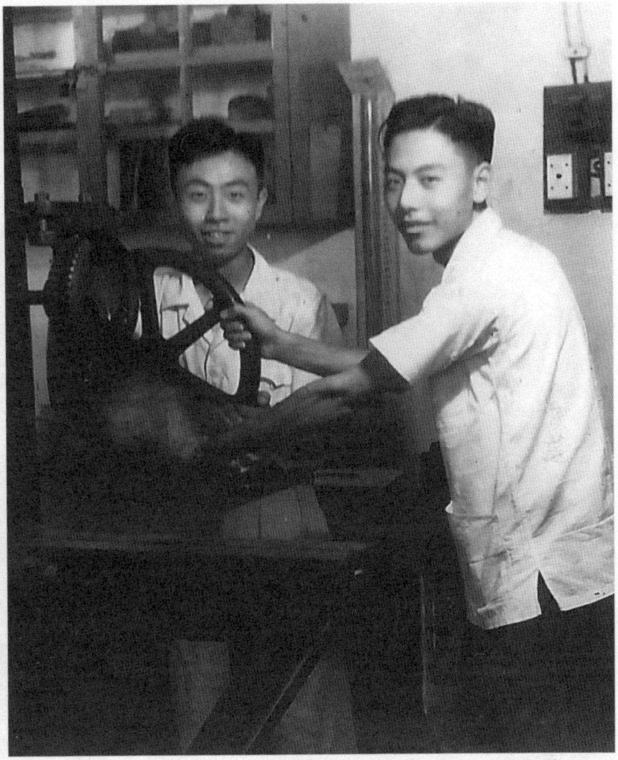

曲世江和张家冀在实验室

测量和实验室

土木系的基本功之一，就是测量。当时约大土木系，确有几台比较先进的经纬仪和水平仪。土木系也拥有几台进行钢材拉力和混凝土压力试验的机器。由一名技工负责管理。

(左起)张问清先生、华东高教局两位赠旗代表、蔡光勦先生、林佺先生、李寿康先生、胡沛泉先生，谈文雄，贾淦昌，唐其中

管理仪器设备的技工

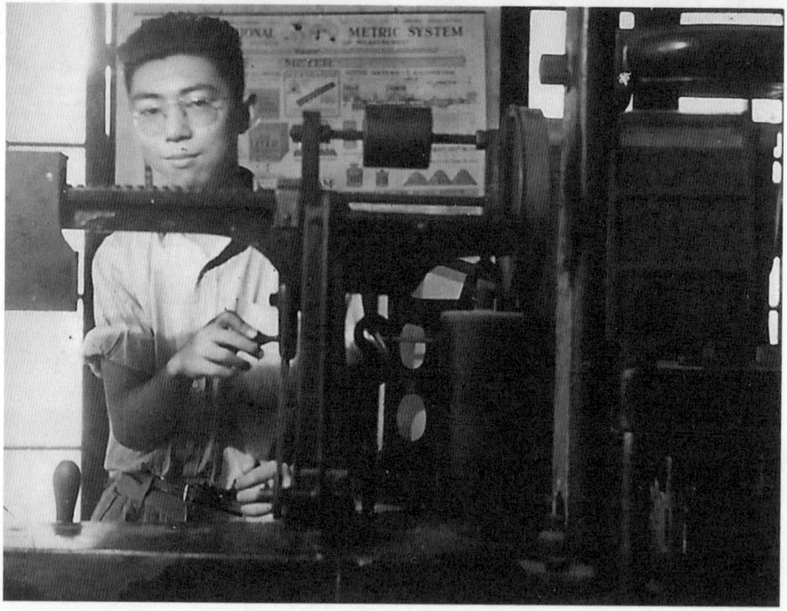

做 试 验

测量

操作经纬仪

测量

地下党在校园里的主要活动方式，是组织“团契”。团契，一开始是基督教会中的教师，指导学生组织吸引学生信教的团体，后来共产党、国民党也利用这一形式，在学生中开展活动。工学院和教育系，在地下党的领导下，成立了一个“求真团契”。主席是从台湾来上海求学，在约中就加入共产党的曾邱留。他们的工作成绩很大。就在我们这班10个左右的土木毕业生中，后来就有四位离休干部，其中包括后来担任江苏省水利厅长的沈日迈和水利部部长秘书傅元麟。曾由于家在台湾，毕业后即被秘密派往台湾，一直没有消息。在上海友谊宫召开国际约大校友会时他突然出席。据他说他一到台湾即被监视，无法进行任何活动。后来他设法到香港开厂。“文化大革命”时也波及香港，他全家即移民美国。他离开中国后即改用原来的名字“曾瑞北”。沈日迈和曾瑞北现已去世。曾的遗孀按

周方白老师在教素描

他的遗愿，捐了一大笔钱给台湾的圣约翰学院，因此该学院将一个阅览室命名为“瑞北室”。

由于我选了周方白老师的素描课，所以拍摄了上课时的照片，还有一些校园里的老师和同学们的照片，但是具体情况已经记不清了。

庆祝上海解放大游行和国庆游行

1949年，上海解放了，大家都欢欣鼓舞，圣约翰大学的学生们，更是兴高采烈。很快，上海市便组织了庆祝上海解放的大游行。当时，地下党虽然还没有公开，但在广大学生中已经有足够的影响。在地下党的组织下，约大和约青(附中)的同学积极参加了上海解放后的第一次庆祝胜利大游行。游行队伍中，有一个化妆的舞蹈队，每行进一段，就停下来跳一段舞，所以很受路旁观众的欢迎。

庆祝解放游行

庆祝国庆游行

庆祝解放游行

国庆的大游行。刚毕业的部分校友也参加了这次盛会。

第一届学生会

上海解放后，约大的地下党便积极筹建约大的学生会。首先是成立学生总会。由于学校的党组织没有公开，而且受的是美国式的民主教育，所以这第一届学生总会的建立，基本上是照搬美国的选举方式，每个学生都可以申请竞选。不知道是什么原因，虽然我只是一个非党非团的普通群众，土木系在地下党的活动下，推举我作为土木系的候选人。想来是，土木系地下党团的同学们和我的关系都不错，估计我会同意他们的做法，而同时学生总会里，也需要有一些群众吧。

那次选举相当的“民主”。土木系的同学们，在地下党的组织下，让建筑系的同学给我画了一张侧面像，用大字写上“请投郭骏一票”，由一位同学举着在前面走，我则站在黑板前面教师讲课的讲台板上，由十来位同学举着，在校园里走了两圈，算是竞选。

其他竞选方式更是五花八门。有一位站在校门口，拿了一大叠自我推荐信，给每一个走过的同学送上一张。有一位说，他花了一担米的钱，请了一些同学，画了几张大广告，贴上他的大照片，挂在校园里。也有人找人在校园里的人行道

一排右一邓畹倩，二排右一郭骏、右三黄金祺、右四杨志骏，三排右二唐云祥

上，写满了“请投×××一票”。

投票结果，共选出18位同学，成立了解放后的第一届校学生会。由于是有组织的支持，地下党团所支持的占了多数。上面所说的那三位也都当选。我也被选上，分工文娱部，主要是组织歌咏队和腰鼓等。

演 出

上海解放后，共产党执政所遇到的最大的问题，就是民生问题，主要是粮食和燃料，也就是米、面、油、煤的供应和价格问题。当时的市长陈毅，和控制米、面、油、煤价格的大商家进行了一番大斗法。商人囤积粮、煤等涨价，政府则从全国各地调来粮、油、煤低价出售。为表示对党和政府的支持，约大组织了一次反对奸商操纵米、面、油、煤价格

演 出

演出

演出

校务委员会主任委员杨宽麟

的演出。为表示对政府的支持，一些学校的教授和领导也参加了演出，其中包括校务委员会主任杨宽麟教授和副主任潘世兹教授。

支援东北

1949年末或是1950年上半年，在上海解放的气氛中，许多同学都有着满腔的热情，恨不得马上能把所学到的一点本事，立刻用来报效国家。这时，上面传来了一个消息，要建设东北，那里急需各类人才。从东北来了一个招聘团，到上海招聘愿意建设大东北的人才，包括在校大学生。约大也有一批应届毕业生报名应聘。土木系有四位同学报名。他们是：张雪涛，顾震隆，汪达人，陈霁。其他系的同学我就不清楚了，唯一记得的是经济系的戚公权。记得他是因为到了东北后他被分配在哈尔滨

后排左起：郭骏、周方白老师、黄作燊老师、？
前排左起：张岫云、张雪涛、沈继汤、曾莲箐

市。当时在上海提倡艰苦朴素，一般同学漂亮衣服都不大敢穿，而那时的哈尔滨，由于学习苏联的关系，却要开放得多。于是这位仁兄就写了一篇报导寄回学校，登载在校报上，标题就叫“牛奶·跳舞·天堂”。全校为之轰动，也引起一部分同学反对，认为和上海提倡的艰苦朴素相违背。

陈 霁

这四位到东北的先驱，我们到沈阳测量时见到过其中的陈霁和顾震隆。后来，顾震隆又调到哈尔滨工业大学，在力学教研室执教。最可惜的是张雪涛，到东北后，分配到煤钢公司担任领导秘书，很快就被送到苏联某工厂进修。我们都认为，以他的才干，一定会前途无量。不料噩耗传来，他一个人到工厂后面的小河去游泳，不慎溺毙。由于他是第一个出事故的留学人员，苏方十分重视，为他开了追悼会，中国大使馆也派人参加。

沈阳测量

1950年，沈阳市要建设飞机场，不知道通过什么渠道，和圣约翰大学联系，希望在暑期中派一批学生到沈阳帮他们测量场地。对这一项任务，大家当然都很兴奋，大概当时学过测量的二三年级学生，一共也就二十来人，加上四位年轻老师和带队的欧阳可庆老师，就组织了一个测量队，一共29人，我也在其中，奔赴沈阳去了。

到沈阳后，我们住在一个小学的大房间里。为了表示招待，记得每天早晨都给我们做蛋炒饭吃，但是卫生条件实在是很差。一大盆饭放在那里，看起来是黑的，因为上面爬满了苍蝇。人一走近，只听得“轰”的一声，便成了白色。奇怪的是，好像当时并没有人因此得病。所以大家戏说这些苍蝇都是穿套鞋的。

张可学知道顾震龙在长春，便和我商量，在一个周末，留了个条子后，私自跑到长春

约大测量队

去看他。回来后，被批评了一次，但因在周末，所以并没有给我们什么处分。

那次测量共进行了两个月左右，我和张可学、徐金城三人一组，测完把结果交上去，由老师们汇总后交账。结果好像还是比较满意的。

测量结束后我们由沈阳乘火车到北京。作为奖励，放假一个星期自由游览。对于第一次到北京的上海学生，真好像是初进大观园的刘姥姥，什么都是新奇的。记得爬到瓮城顶上，正好看到一队骆驼商队，穿过瓮城进入北京，看得我们兴奋不已。

但是我们也遇到一些麻烦。有些同学不会说北方话，浓重的上海口音，在和当地人交流时常常费了好大力气。最后还是靠笔写才能搞清楚。那时北京还有马车，记得徐瑞麟站在路边大叫“马叉”，可是没有一辆马车过来。

萧希贤在操作水平仪

萧希贤在操作水平仪

用水平仪测定高度

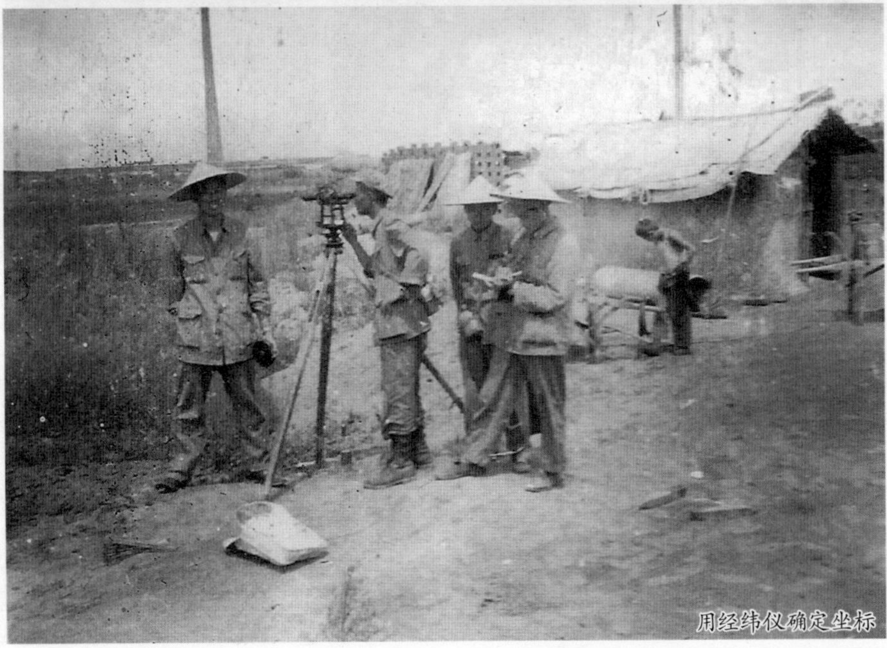
用经纬仪确定坐标

萧希贤在操作水平仪

无论如何，我们在北京是大玩了一个星期。当时北京游览的地方并不拥挤，记得那时我第一次玩了故宫、长城、颐和园、雍和宫等名胜，印象十分深刻。工作后到北京也曾再次游览这些地方，却再也没有当年那种兴奋的心境。特别是不久前又到雍和宫去，已经完全找不到当年的印象了。

把测量仪器拉到工地去

首位为抗日牺牲的外籍飞行员

邹志一

罗伯特·萧特(Robert. Short)是首位为抗日牺牲的外籍飞行员，他击落了第一架侵华日机，击毙了第一个日本海军航空指挥官。

1904年10月，罗伯特·萧特生于美国华盛顿州泰科马市的皮尔斯小镇，毕业于寇蒂施民用航空学校，原为美国陆军航空兵飞行员，退役后任盖尔飞机公司试飞员，技术甚精。1931年2月来到上海，担任盖尔飞机公司亚洲区销售代表，6月任军政部航空学校飞行教官。

1932年初，继1931年“九一八”武装侵占我东北三省之后，日寇又在我东南沿海水陆

萧 特

莳门机场位置地图.psd

女界代表温毓庆夫人向萧母献花并交谈

领域不断增兵，矛头直指上海。其时，我东南一带，从前线到后方，夜以继日频遭日机的破坏性空袭与轰炸。驻上海十九路军将士，为维护民族尊严，捍卫国家主权，于1月28日开展了举世闻名的“淞沪抗战”。以后战祸蔓延，苏州不断遭到日机狂轰滥炸。当时，美国飞行员萧特见日寇如此残虐无理，义愤填膺，志愿协助十九路军参战。

2月19日(一说为2月20日，纪念碑刻为2月21日)，为了避免日机袭击，萧特驾驶我国新购买的P-12E战斗机的验证机XP-925A从虹桥机场起飞，转场前往南京，不料在吴淞附近上空遭遇由所茂率领的3架3式日机。在1比3的劣势下，萧特凭着高超的飞行技术与敌激战近20分钟，所茂飞机中弹十余发被击落，另一僚机也被击中，而萧特安然无恙，突破重围转场南京。

三天后，萧特又与6架日机展开了一场殊死搏斗。2月22日下午4时半(据《苏州明报》《申报》《上海战事画刊》报道为2月22日；纪念碑误刻为2月23日)，萧特正单独驾驶波音轻便驱逐机路过苏州之西，又与6架日机遭遇。其中3架是小谷率领的13式攻击机，3架是生田率领的3式战斗机，正在苏州南郊一带对无辜民众及苏州葑门机场掷弹轰炸。双方飞行高度约为1000米。其时，萧特正在13式机队左前方45°，见而大愤，驾机急速转弯爬升到13式机队左后方有利角度，向为首的小谷领队机攻击，但未击中；萧特又作了第二次攻击，仍未奏效；第三次，萧特改变战术，利用13式的火力死角，从下方爬升方向向小谷机腹部接近，当两机距离仅二三十米时，萧特连续开火，日机终被击中，小谷中弹3发，命归黄泉，射击手佐佐木节郎左腿被打断。小谷机被击中后，6架日机向东南方向逃窜。但萧特盯住不放，继续穷追猛打。不料日机群飞到车坊上空时突然回头，分别向萧特上、下、左、右包围夹击。萧特不慌不忙坦然应敌，奋勇抵御，坚持与日机群周旋格斗。后终因寡众悬殊，萧特被生田乃木次击中机身要件，坠落于吴县车坊高店镇无潮港口水中(今属苏州工业园区斜塘街道)。年仅28岁的萧特献出了宝贵生命。

噩耗所至，莫不感佩，国内外大小报刊，争相报道。

萧特遗体当日从湖中捞起，2月25日，苏州飞机场顾指挥将萧特遗体按中国习俗用楠木棺成殓。灵柩由苏运沪后，旌表委员会议决改装美国式钢质灵柩。柩色银灰，价值725美元。

萧特母亲及弟弟来沪参加葬礼，国民政府代表唐海安前往迎接(1932.4.19)

国民政府代表唐海安(右一)、上海市政府代表俞鸿钧(左一)、萧特母亲及弟弟在交谈

应国民政府电召，萧母伊丽莎白太夫人携其次子埃德·萧特(Edmund Short)，于4月19日乘坐塔夫脱总统号轮船抵沪参加葬礼。国府代表唐海安亲往浦东大来码头登总统号迎接，并在轮中代表中国政府及全体人民致欢迎词，表示："欢迎太夫人之光临，对于君之爱子，为正义而牺牲，极度感谢。"女界代表温毓庆夫人向萧母献花。萧母也致了答词，她说："余子之死，虽甚悲惨，余亦不免心中戚戚，但为友邦人民牺牲，亦属义举。今承欢迎，极感盛意，泉下人亦有荣焉。"这天，外交部、上海市政府、十九路军均有代表亲莅码头欢迎，上海87个团体也派代表数百人前往欢迎。随后，宾主同乘专轮至新关码头登岸，市府代表俞鸿钧秘书长即向太夫人表示敬意。码头上欢迎者人山人海，途为之塞。

萧特义士旌表委员会多次郑重讨论，预定仪典。4月24日，上海各界为萧特举行了隆重的追悼大会和公葬典礼。

萧特追悼典礼毕，灵柩由中美飞行员各四人从慕尔堂抬出送登灵车(1932.4.24)

上海虹桥机场萧特墓地

萧特灵柩下葬于上海虹桥机场，上海市长吴铁城到场并代表市府献花

这一天，上海各界一致下半旗志哀。

上午10点，在胶州路万国殡仪馆举行了宗教祭典仪式。

中午12点30分至45分，萧特灵柩由其生前好友、飞行家水启瑞率领从殡仪馆移至慕尔堂(现名沐恩堂)。国民政府、市政府、航空部、十九路军总指挥、宋子文、孔祥熙、唐海安等所赠花圈，分装两辆汽车，一路随灵出发。

下午2点30分，上海各团体于慕尔堂举行萧特义士追悼典礼。会场内外均由童子军维持秩序，灵柩停于礼堂讲坛之前，四周满置鲜花，灵前置第五军军长张治中赙赠的党徽花牌一块，两旁则置萧特义士花牌四块，柩后置满各界赙赠的银鼎银盾，共达百余件。花圈、挽联为数尤多。十九路军方面，如陈铭枢、蒋光鼐、蔡廷锴、戴戟、谭启秀、区寿年、沈光汉、毛维寿均致送大号花圈，其他各军政机关、学校团体所赠者尤不计其数。举行追悼典礼时，各界到场参加者达千余人，西藏路上交通甚至断绝。追悼会由美国侨民、青年会总干事乔治费启主持，旌表委员会方面由沈德燮、郑莱、吴经熊、俞鸿钧、唐海安、王志远、杜庭修、林我将等参加。会上，军部代表杜庭修唱了赞美诗，国民政府代表唐海安、民众代表吴经熊先后致词，他们说，萧特义士之死，重于泰山，其牺牲精神与十九路军之大无畏精神，可称相得益彰，并垂不朽。

会毕，萧特灵柩由中美航空队员8人(美方为Coptvaughan、Cafl.Sellars、Mr. Shudelr、Mr. Hagden；中方为余正平、谭苏景、龙荣萱、彭庆昌)合抬送登灵车。随即举行出殡，仪式甚盛。首都南京、上海各军政机关均派代表参加，参加出殡的共有三百多个团体，执绋送殡代表近万人，沿途参加者为数亦伙。一路上，素车白马，万人空巷。步行送至小沙渡路，已是4点30分。时天骤雨，一应人员，衣履尽湿，但仍依次前进，丝毫不紊。其时，萧弟埃德向各团体致谢，并请勿再送行。除一部分代表退出外，其余乘上预雇汽车迤西出

发。送殡车达千余辆，蜿蜒二三里。

5点20分，送葬人员至虹桥机场东首丽虹园，下车整队后缓缓走向墓地。5点45分，始抵位于虹桥机场入口处的墓地。当中美航空队员合抬灵柩入内时，军队举枪致敬，代表民众脱帽致哀。灵柩安放于墓穴架上。萧母、萧弟及亲友均立于墓前。接着由费然君作最后祷告，江海关监督唐海安代表国府献花，上海市市长吴铁城代表市府献花，各向墓穴行三鞠躬礼，且向萧母致敬，典礼乃毕。

原定灵柩下窆时，由中美飞机4架在墓穴上空环绕飞行，以志纪念。但此日气压殊低，临时改为由Carl Nahurma Chen 驾其私人飞机，于下午2点起，环空飞行。当灵柩下窆时，该机飞驶殊低，我军也依照预定节目，鸣枪数排致敬。最后由殡仪馆人员雇工将墓穴石板装盖，全体人员乃散(由于时代和机场变迁，现墓已无存，但在南京紫金山麓的航空烈士陵园内至今还保存着萧特义士的衣冠冢)。

事后，国民政府赙赠萧母丧礼国币10万元，以作养老之费。为表彰他的抗日义举，还追授萧特中国空军上尉军衔。

苏州各界亦于4月28日上午在公共体育场隆重追悼萧特。上午9时，各机关、团体、学校、军警万余人集中在追悼会场。王凌霄主席报告筹办追悼会经过，接着由俞仲英等各界代表演说，末了由美国侨民代表文乃思先生致答词，他在讲话中，以法国少年将赴裴德助华盛顿来喻萧特为维护公理帮助中国，给予很高评价。最后，鸣炮、摄影，未刻散会。

在淞沪抗战结束不久之际，如此隆重的葬礼激起了我国各界民众的抗日豪情。萧特为正义而战、不惜牺牲自己生命的英雄行为也深深感动了当时吴县各界民众，于是纷纷醵资立碑，以垂纪念。

当年7月，在萧特殉难处——车坊高店镇无潮港口江海隋粮王庙东侧，树起了近3米高

1932(左)、1947年在苏州大公园所立萧特纪念碑局部

的华表式花岗石纪念碑。碑正面中间刻有“美飞行家萧特义士殉难处”11个大字，左边刻有“中华民国二十一年七月立　吴县吴曾善谨书”一行小字；碑右侧刻有“苏州桃坞朱林记石铺承造”，左侧刻有“吴县建设局打样”。纪念碑坐落于三级石阶之上，高大显目。

当年，又有吴县各界人士私人醵资在苏州大公园北部民德亭后绿树丛中的一方空地上，建起了“萧特义士纪念碑亭”，亭内竖有欧美式方形花岗石纪念碑。

1937年“七七”抗战军兴，我苏州人民成立吴县各界抗敌后援会于大公园苏州图书馆内，于是被日寇列为破坏目标，迭遭日机空袭轰炸；日军侵入苏城以后，即将图书馆付之一炬，萧特义士纪念碑亭亦被破坏。整个公园沦为日军养马场，浩劫一场，面目全非。但碑上刻有纪念碑文的大理石薄片，幸有人收拾保存。

萧特抗日的英雄事迹也被写进了民国课本。1934年版《民国国语读本》高小第一册第22课，就叫《英勇的萧特》。1985年10月，湖南一位时已60多岁的沈姓老人从报上得知我们正在“重建萧特殉难纪念碑和纪念厅堂”，给笔者写来一封信，说他“至今仍能默写出当时有关萧特的课文”，可见萧特事迹感人之深。

抗战胜利后，吴县人民于1947年春仲在苏州大公园又立一块“美国萧特义士殉难纪念碑”(上半部刻有英文，下半部刻有中文)。在“日月重光，河山再造”之时，再次深表“眷念殊勋，倍深景仰”之情(此碑毁于1951年抗美援朝时)。

1981年，苏州博物馆举办苏州市革命斗争史展览会，曾展出当年苏州大公园萧特义士纪念碑的大理石薄片，现藏苏州革命博物馆。

1984年“一·二八”淞沪抗战52周年纪念日，复旦大学王遽常教授曾以其旧著《淞沪抗战烈士传略三章》披露于《团结报》，罗伯特·萧特即其中一人。萧特弟弟埃德先生在海外获知中国人民至今仍在纪念乃兄，颇思莅华祭扫，寄托哀思，于是委托其友林美玉女士至《团结报》探询，并在报上刊登小启，广征苏沪一带老辈人士指点萧特营葬情况及其墓地所在。其时，笔者在吴县政协文史办公室任主任，得知这一线索后，就和同事一起赴车坊萧特殉难地开展调查，召开当年目击者座谈会，并在车坊党委、政府协助下，发动群众寻找当年萧特义士殉难纪念碑；同时去上海、苏州等地图书馆、档案室查访、搜集有关情况，终于弄清了萧特殉难前后的详细经过，也找到了纪念碑，但已被开成四根石柱，然柱上字迹清楚可辨。

1984年10月3日，埃德先生偕其女儿杰奎琳(JACKLE DURGIN)随美国斯密森旅行团至上海。在中国国际旅行社北京分社美大部三科牟英莉同志陪同下，埃德先生父女先后走访了上海万国公墓、慕尔堂、虹桥机场。10月6日抵达苏州，9日下午由市外事办涉外科余炳坤副科长、中国国际旅行社苏州支社美大科吴根生副科长陪同，去吴县车坊乡。乡党委副书记徐金官同志、宣传委员周根土同志热情接待了他们。宾主共同追忆当年萧特志愿抗日、在车坊殉难的经过。然后，大家又一起乘船至殉难处凭吊致哀，还瞻看了萧特殉难纪念碑。埃德先生对这次接待十分满意，他说：“我只是抱着试一试的愿望向中国旅行社提出

文史资料选刊 〔4〕 团结报 1984年1月28

淞沪抗战烈士传略三章

·王蘧常·

编者按：今天是「一·二八」淞沪抗战五十二周年，本报发表上海复旦大学王蘧常教授当年所写的三篇烈士传记作为纪念。配合刊出的两帧历史照片，由曾在孙中山先生身边担任卫士、后来参加过淞沪抗战的罗海云老人提供；下图为当年十九路军领导人蒋光鼐、蔡廷锴主持修建的抗日阵亡将士坟园拱廊式纪念碑原貌，左图可见纪念碑上战士铜像及台阶上铜狮的雄姿。这些珍贵的文物，于抗战后期广州沦陷时被日本侵略军和汉奸盗毁。

滕将军传

倭扰上海，我死事者至数千百人，然亦杀贼过当，义声动天地，而吴淞要塞参谋长滕公死尤烈。死四十余日始外闻，而褒恤不及，妻子竟无以保冻馁，天下闻而哀之。

公讳久寿，字祺之，贵州都江县人。少雄武有节概。民国八年，以贵州陆军讲武学校卒业生长贵州军某排，累擢连营团长，崭然出头角。十五年入粤，主教中央军事政治学校潮州分校。明年长第十七军第二师参谋。明年又改长第十军第二十九师参谋，比有功。十八年冬，遂改长吴淞要塞参谋。在军介然自异，严取与，耻私斗，惟以死国勖所属。位日隆，人以为荣，公顾快快。闻东事起，益自淬厉。及寇侵上海，我十九军既屡败之，寇遂以全军袭吴淞，炮声闻数十里，熛火塞空，木石皆灰，五步外不能见人，要塞屡濒危。公奉檄发炮，台未尽阶，弹已及左臂，衣襟皆赤。众劝退，不可，创甚，犹力战，自辰至午，贼终不获逞。已而炮火益加烈，弹洞左胁，上体成肉糜，遂殉，二十一年二月四日也，年仅三十有三。殉后一时，我以计覆其主军，碎两贼舰，贼为夺气。或曰：公遗策也。

王蘧常曰：是役也，某主兵竟以惧死遁，罪亦不及；公之死，不能赡其妻子，则某非计之不得也。盖逃死犹不失其安富尊荣，一死并不能赡其妻子，以千秋万岁之寂名易一死，天下之至拙，宁有过于公者乎，悲哉！吾观公遗像，恂恂类儒者，此其所以拙者乎，悲哉！

六十亡名烈士传

呜呼！自海上军兴以来，将士之死事者多矣，然未有如蕴藻浜之役决死者六十辈赴死之烈也。六十辈者，隶十九军，多粤籍，不能详其名氏。今岁（按为一九三二年）二月，倭既屡败不获逞，十三日复驱五千余众，誓必死，犯我蕴藻浜之阵垒。势如摧山排海，呼声动天地。数里之内，血肉横飞。我军苦战，自巳达申未已，势濒危。六十辈者大愤，慷慨请决死，各缠巨爆弹，环其募俞及四体，并以火油濡上下

弹齐发，骨肉皆糜碎。贼出不意，当者亦糜碎。远近相应，仓卒中以为大军袭至，遂大溃。我军乘势逐北，十余里而后止，浜水为之不流。后十余日，复有四十辈以此法破江湾之贼军数千。

王蘧常曰：昔人有言曰：杀一贼而死，足自偿，死无恨；杀二贼而死，则为国立功矣。况诸烈士之什佰于此者乎。吾知诸烈士其身虽死，其心弥乐而无所恨。独念泯泯无所偿而受死者为可恨也。无所偿而受死，牛马也。而世惟牛马死之是求，不知杀贼以偿也，哀哉！

美利坚孝脱上尉传

上尉姓孝脱氏，名劳勃脱，美利坚华盛顿州泰科玛乡人也。为人忙挚而锋侠。习驭空有声，任职于其国盖尔飞车（飞机，欧西又名飞车，飞车之名甚古，相传我国汤时已有之，见《帝王世纪》）公司，主驭。旋来我国上海，时废居（据盖尔公司盖尔君言），遂兼任我国驭空教士，与我国之习驭空者多契。今岁（按为一九三二年）倭寇海上，见其残虐无人理，义愤之色时流溢于眉宇。二月二十一日，忽变服之吴淞，狙击倭飞车，碎其一。二十三日，闻倭飞炸苏州之耗，立驭一飞车曰波林者蹑其后，遇飞车六，方肆虐于我苏民。倭见上尉至，遽上下遮遮而萃攻之，上尉知无幸，然犹从容力御，碎其一车，歼厥渠率（据《大陆报》及《泰晤士报》），卒以殉，年二十有七。耗闻，我国人皆震悼。国议追赠上尉，以军礼葬于我土，异数也。

王蘧常曰：我闻方事之殷，上尉语所亲曰：我中立国人也，固无所袒于其间。第人类而见非人类之残杀，我安能忍！我安能忍！我为正谊人道计，不容与两立矣。纵死亦心所甘，我何憾，然未死，慎勿声，死则报我父母耳（据二月二十五日《时事新报》夕刊）。呜呼！上尉今竟以正谊人道死，上尉其无憾矣。然今之非人类之残杀，犹日肆而无已，上尉其终能无憾乎。上尉以异国人而不忍我国人蒙非人类之残

王蘧常：淞沪抗战烈士传略三章–团结报(1984年1月28日)

了要求，没有想到我在车坊看到了、听到了这么多关于我哥哥的殉难资料，特别是被开成四部分的纪念碑柱还被政府找了回来。我非常感谢中国人民至今还保存着我哥哥的纪念碑物。”在离车坊之前，双方合影留念，又一次留下了中美人民友好的真实纪录。

1985年，时值纪念抗战胜利40周年，为了弘扬萧特义士的英雄事迹，进一步增进中美两国人民的友谊，经吴县政协和统战部建议，吴县人民政府拨出专款，于当年9月16日在车坊高店重新修复了萧特义士殉难纪念碑，并新建了萧特义士纪念室。木结构纪念室朝南三开间，面积一百余平方米。纪念馆正中悬挂萧特义士遗像，像下用中英文介绍义士事略。后来东西两侧山墙上，还陈展埃德先生珍藏多年的有关萧特追悼大会和国葬典礼等历

史资料照片。1932年的旧碑陈放于纪念室内展出。新恢复的纪念碑仍为华表式，花岗石质。碑面刻有“美飞行家萧特义士殉难处”11个大字，碑座正面刻有萧特义士简介文字，由当代著名吴门书法家吴进贤所书。碑柱、碑座坐落于4米见方、高1米的平台上，通高近5米，平台东、南、西三面各有五级石级。1998年11月，车坊镇政府又在殉难纪念碑旁增添了萧特英雄飞行员立像。庭院四周绿树成荫，庄严肃穆。

1985年11月26日，哈佛大学费正清东亚研究中心助理研究员安·费立德·詹斯顿女士前来车坊参观萧特义士纪念室，采访了当年空战的目击者高进生先生，并转交了埃德先生所赠有关萧特葬礼的珍贵照片和致车坊乡政府的感谢信。她并表示离开中国后，还将赴日本继续深入采访，并说明了其中缘由——当年根据上司指令击落萧机的日本飞行员生田乃木次也深深佩服萧特的英勇行为，视萧特为“一位了不起的国际英雄”，心中一直为击落萧机内疚不止。早在1932年底从日本海军退职前，生田乃木次就有寻找萧特家人的想法。44年后，他1974年写的一封信终于由退役美国空军上校的日裔妻子惠美佳·克雷格(Emika Craig)于1976年7月的一个晚上在华盛顿广场酒店交到了埃德先生手中。生田乃木次在信中写道：“你哥哥作战勇敢，他的事迹我永远铭记。他一个人挑战六架飞机。他的勇猛将代代相传，他的勇气无人能比。”他在与詹斯顿谈话中还提到当时苏州火车站正有一列满载妇女儿童的难民列车发车出站，萧特可能也是为了保护她们不被攻击而挺身出战的。

1987年2月和4月，中国人民抗日战争纪念馆副馆长高玉亭一行和中国军事博物馆文物处长徐士贤，先后前来吴县政协征集萧特的有关资料，并在中国军事博物馆和中国人民抗日战争纪念馆展出。这年10月1日，美国影视制片人詹·卡尔普先生，在中国三S研究会顾问郎新康先生陪同下，前往车坊拍摄纪录片《动乱的岁月(1927～1937)》，再次记录萧特的动人事迹和中美友谊。

80多年来，萧特爱好和平、伸张正义、勇于牺牲的大无畏精神一直深深打动着人们。

更正及启事

经多方考证，《民间影像》第一辑P185八路军再次克复紫荆关(1944)应为刘锋摄，特此致歉。

追思先父臧启芳

臧英年

先父臧启芳公早于1961年2月28日在台中东海大学心脏病突发不治而逝，享年67岁。

先父生于1894年，亲身经历了民国以来所有的动乱。幼时，因先祖经商失败，家道中落，家境十分窘迫，全仗成绩优良获得奖金和亲友资助完成学业。1916年，先父在北平中国大学预科毕业。因成绩优良，受业师王云五先生推荐，在中大附中任英文教员，才有了固定收入，来用支付大学本科费用。

1919年五四运动后不久，政府举办文官高等考试，全国有八千多人应考，录取八百多人。先父以优等成绩入选，就职于财政部烟酒事务署。次年8月，他负笈美国。置装费、路费和在美求学所需一切费用均为学校、家乡和中学及大学同学捐赠。1923年先父回国，即将在美期间所译韩纳著《经济思想史》和《美国市政府》两书发行问世。《经济思想史》是其后财经业学生和学者的必读书，《美国市政府》一书的内涵则对后来中国的市政建设贡献良多。1956年先父在台又写成大学用《经济学》一书，由中正书局出版。

先父一生唯以移风易俗、作育英才和忠心报国为己任，并身体力行。岳武穆讲国家强盛必须“文臣不爱钱，武臣不惜死”。先父是文人，却既不爱钱也不怕死，为了国家前途可以不顾个人，牺牲一切。他在世时，曾谆谆告诫，要我们加倍努力，充实自己；好为国家尽一份国民的天职；并以身示范，恒以“堂堂作人，和平处世”的做法诲示我们。

先父一生安贫乐道，清廉正直，到老虽无分文积蓄，但求仁得仁，心安理得。1930到1931年间，他在天津任代市长兼社会局长及后来在哈尔滨任地亩管理局长时，发财机会颇多，但他只知作廉吏，尽心竭力为民服务，从不为财富所动，故政风廉洁，口碑载道。多年

臧启芳(左三)任天津市长时邀请梅兰芳(左五)义演赈灾(1930)

后先父偶遇一些曾在津居住者，谈起来他们还记得，先父正是当年天津廉正清明的市长！

他一生最大希望便是看到国家强盛与复兴，毕生都朝这个方向贡献个人全部力量。“九一八”前夕，他在哈尔滨任职时，看到张景惠有勾结日寇的企图，便联络爱国志士如周天放先生等和中央联系，用尽方法说服和纠正张景惠亲日的错误观念。

“九一八”以后日本占领哈尔滨前，他们才联袂出走，及时逃出了日寇魔掌。而后，先父曾在天津《大公报》《益世报》及《庸报》同时发表一篇唤醒国人共赴国难的文章，对当时政府和东北最高当局的若干措施不无指责。事后有人认为，先父毕竟是东北人，曾任沈阳东北大学法学院长，与东北最高当局颇有关系，故无论东北最高当局表现如何，也不该指责。殊不知先父认为：我虽是东北人，却更是中国人，任何不利于国家民族的事，我都要极力规劝和正言指责，不问其畛域如何，背景如何。反之，任何人如能以国家民

臧启芳摄于华清池南山坡(1937)

族利益为前提，为国家而奋斗，便都是我的朋友，我就尽全力支持和赞扬他。先父从东北逃出后便去了上海。1933年，他与齐世英先生合办东北协会，一面为东北义勇军募款，一面讲演宣传，唤起国人共御外侮。

1934年3月，时任江苏省主席的陈果夫先生以东北沦陷，人民流离失所，要选用几位东北有学之士辅佐他在江苏推行新政，先父在他的安排下，先后主政盐城和无锡两行政督查区，政绩良好，市民称庆，也是陈氏有知人善任之贤(那时日本已霸占东北，陈氏乃启用先父、邵汉元和王德溥等东北名士在江苏省任职)。

西安事变后张学良遭软禁，东大失去领导，陷入群龙无首的困境。有人对东北大学提出责难，以为东大也要担负部分事变发生的责任，因而停办东大之说甚嚣尘上。当时，先父鉴于东大之存亡对东北人心及国家前途具有重大影响，甘冒“大不韪”，力陈保存东大的主张，此一意见后为最高当局采纳。当时校内由于部分左倾分子制造事端，故对主持校务一事，人皆裹足不前。

后经挚友齐铁生推荐，1937年1月，他离开江苏省无锡区督察专员任所，临危受命，在开封接掌东大校务，开始了十年东大生涯。

有些东北人士，包括东大师生，认为这一任命是中央政府要从张学良手里抢走东大的指挥权，用CC派(指陈果夫、陈立夫兄弟)背景的先父介入，达成任务。殊不知先父不求名利，用心良苦维持东大存在，让家乡子弟有就学和栖身之所。他主持校政达10年，是主掌东大校务任期最长的校长，又面临东大多次迁校(北平到开封、西安、三台，返沈阳)和长

东北大学校友会北平分会欢迎莅平校友摄影纪念(1945.12.2)

期办学的严峻考验。

1937年东大在西安立足后，又有上峰指令东大西迁青海蛮荒之地。果应命实施，多数教职员不会前往，东北大学面临第二次存亡危机。先父及时获得四川三台县长郑献徽的支持，迁校入川，先斩后奏，获教育部追认。

先父掌校任职准则是：“聘请教授一向无领域之见，我所求的是学问品格，不问他是哪校出身，哪省人士、哪国留学，这可以先后在东大任教的教授名册中看出来。”此一准则实施结果，群贤毕至，饱学之士纷纷到来，使东大成为众多优秀学人荟萃之所，学生获益匪浅。

先父在校全心全意提倡思想开放，学术自由。各种社团和活动，各种观点和展示都蜂拥出现，各擅胜场，不一而足。要维持这种风气和环境，需要见识和勇气。再有，1943年东大首先响应“十万青年十万军”的号召，数十名同学弃笔从戎，加入青年军，其中包括正就读东大的大哥臧朋年。

他以身作则，清廉正直，树立校风，不贪一分钱，不做一点假。每逢上级检查单位到东大查账审阅，都是账目分明，一丝不苟，迅速查明，圆满结束。那时，校长之职也收入菲薄。在三台期间，家中变卖了以往收藏的略有价值的物品，补充家用。家母手存的一些金银饰物也全部投入“献机救国”行动。

这段时期，我们生活很艰苦。先父为维持一家人生活，不得已曾将家中稍值钱的衣物陆续卖出。我那时年纪虽小，已有深刻印象。记忆犹新的，一是家母从箱底翻出她的皮大衣和先父在天津市长任内所买燕尾服等卖给重庆银行界人士；二是卖出了家中的留声机和大挂钟等。据家母讲，大挂钟是1925年买的，对我们臧家来讲真是服务念载，劳苦功高而应保存的纪念廿品、留声机那时是难得的娱乐品，但为一家生计，只好忍痛让人。也全仗这样零星的卖出，才能勉强维持一家人生活。

抗战胜利后，先父以东大校长、教育部特派员和东北行营教育处长三重身份前往东北，接收东北教育设施和恢复教育运作。兵荒马乱中，他廉洁自守，倾尽全力为东北教育前途奋斗。尽管由于大局牵制，未能成功，但他尽心竭力为国效力的初衷不变。

当时国共内战已爆发，接收大员大多滥权贪腐，先父见大势已去，难以作为，便于1947年4月辞去东大校长职。1948年东北形势逆转，父亲在南京出任教育部委员并兼任财政部顾问，靠薪水维生，入不敷出，便去政治大学授课，增加收入。那时，他已是闲散之身，为国尽力机会有限，唯念及东北青年纷纷入关，生活困难，乃遵从教育部长朱家骅先生嘱，尽力研究救济方案。

1948年12月，我们举家迁上海再迁厦门。因经济困难，除先父因公飞赴厦门外，祖母、家母、弟妹和我等均免费搭乘先父生前好友萧碧川先生仅百余吨的机帆船。一路飘飘摇摇，历时半月，始抵厦门。途中几乎遭遇抢劫并曾有翻船之险，至今思来犹有余悸。

在厦门时，为生活计，先父创办了一所准备升学大专的“大同补习班”，与前北洋大学校长李书田先生分授国史和数理课程。当时，由于水源缺乏，家中无力负担买水费用，先父命我去一里外的水井挑水。那时我正读高二，以往既没挑过水，也怕挑水时碰见同学。先父见我面现难色，便恳切地说：“凭个人劳力谋个人生计是光明磊落的事情，有什么

东北大学27周年校庆旅台校友聚餐纪念(台南市中, 1947.4.26)

在台北合影(前排左起臧凯年、家母王淑清、继祖母，后排左起臧雪莲、父亲臧启芳、臧英年，1953)

可害羞的。我知道你没挑过水，体力也差，不妨挑挑歇歇，总可以挑到家。你就一大早或深夜去挑。那时路上行人也少些。在家中经济困难的时候，你能尽一分力量协助解决家里的问题，自己也会觉得骄傲的。”于是我俯首秉训，欣然前往，很快成为一个很好的“业余挑夫”，按着扁担起伏的节奏迈步，全程只要歇一回脚就把水挑回家了。

臧启芳在台北反攻出版社前留影(1955)

1949年6月21日，我们告别大陆，渡海赴台。于22日登陆基隆，再转赴台中，幸获东大校友出资协助，全家在台中市得以落脚定居。

先父来台之后，鉴于岛内人等志气消沉，惶惶不可终日，乃振笔疾书，以真名实姓投递港台等地报章杂志发表文章。他撰写政论文章曾先后在《中央日报》《中华日报》《民族报》和香港出版的《民主评论》发表，取得稿费收入，贴补家用。其后，空军总司令部和教育部也多次邀请他在台湾各军事基地和大专院校巡回讲演，谈论国际形势，未来中国和台湾前途，产生了鼓舞人心的正面效果。

当年冬，便创办《反攻》半月刊，是为台湾倡言自力更生，自强应变和推行民主的一份杂志。当时和《自由中国》(雷震在台主办)和《民主评论》(徐复观在港主办)鼎足而三，是力倡施政图强和民主政治的先锋之声。时任立法委员马乘风先生经常投稿。他笔锋犀利，论政深刻，主张台湾应逐步走上民主政治之路。不幸经人举报，以“匪谍”罪送入牢狱，下落不明。其后先父接到公函，蒋介石接见，要听他谈台湾社会现象和民间舆论。先父在接见时问起当时下落不明的立法委员马乘风的情况，并告诉蒋，社会上对此案众说纷纭，反应不佳。老蒋立即脸色大变，十分气愤地说：“不了解情况，不要乱问。”会谈就此结束。

为了维持杂志继续出刊，先父亦曾绞尽脑汁，凡他认识的朋友或学生，几乎都已求遍。他曾一天内亲笔写出几十封信，请求各方面支持。先父曾趁出席亚运之便，在菲律宾向华侨募款，甚得当地侨胞支持。去世前不久，菲岛爱国侨领陈掌谔先生还曾有信给他，盼他再去菲岛为杂志募捐。先父前次在菲岛时，为联络及应酬菲岛爱国侨胞中能诗善词之士，填写诗词多达数百阙。菲岛天气炎热，他出席应酬，往复奔波，虽身体上苦头吃足，但精神上却甚得安慰。只要是为爱国工作而吃苦，便都不觉得苦了。

先父曾告我，还曾有人议论“反攻”的“反”是“镰刀斧头”云云，实在很凶险。

东海大学是先父生前最喜爱的地方。不只因那里有圣地灵山的环境，适于居住，更因那里是百年树人的高等学府，适为先父一生一世以作育英才为己任的向往之所。先父在世时常讲：“得天下英才而教育之，乃人生之至乐也。”又说：“我一定以我的余生从事文化教育事业，这是国家强大盛兴的基础事业，也是我决心为国效力的唯一方向。”

初去东海教书那半年，先父兼任经济系主任，一面教学和忙于系务，一面又将自己1925年翻译出版的美国韩纳著《经济思想史》，根据最新版内容订正译出。这份工作着实

先父臧启芳(台中东海大学寓所，1961)

费了不少精力。次年春他病倒时，该书翻译尚未完成，由东大同学杨承厚先生全力承担，继续完成工作。杨先生对先父的这份协助应特别提出来以表感谢。先父进行译述工作时，常白天忙了一整天，夜晚又继续工作到深夜。家母看他工作太吃力，常劝他不要过劳，先父回答：每天有预定进度，白天忙于其他事务，功夫不多，晚上的时间就不能不利用了。半年下来，他的健康每况愈下，直到1958年春，症状发作而卧倒病榻。

先父卧病时间足有一年半，平素无积蓄，治疗期间需款尤多，全赖老友和同学帮助，才能支付一切开销。其时，东海校方和师生同仁对先父的许多支援也至深至切，难以尽书。在东海有许多已归主的眷属夫人，常为其祈祷，盼上帝赐福给他，先父也由此皈依基督。他病况最严重时，凯年弟曾辍学一年，回家服侍。他向学校请求休学时，是和我商量后决定的，并未预先禀告，我们知道他刚强的个性，总是一切苦难自己承担，尽管有时他确实需要子女奉侍，但决不肯让子女在学业上有所损失。

1959年秋，先父勉强恢复了教书工作，但病前那种强朗健康的体态已永远不再。在他最初上课时，凯年弟和我都曾在教室陪伴他，后来，则由东海同学郭荣赵和纪可渝两人扶持他上下车，同学们的厚意使我们由衷感谢。当我坐在教室后排听课时，真不敢相信面前这病弱老人便是以往我朝夕奉侍、无限敬爱的老父。从精神焕发、声音宏亮，退步到强打精神，有气无力，多大的距离啊！我回左营后写信禀告先父："看您老授课时吃力的情形，儿心里万分难过……"而他则回信："我必须要挣扎下去，一则是我喜欢这个环境，一则是我不能停止工作，因为我们家庭经济是毫无基础的……"

"九一八"前，先父从不作诗填词。事变后，由于忧心国事，他偶尔作诗填词，抒发心头郁闷。后来，他作诗填词兴趣越来越高，终于赢得"吟主"和"爱国诗人"的雅号。他老的词，据词家评价，论为豪迈奔放，爱国之情跃然纸上，且平易朴实，一气呵成，没有堆砌造作之病。先父在世时，已有《蛰轩词草》一、二两集刊行于世。

先父一生正直清廉，既不沽名钓誉，也不自我标榜，这都是他做人最起码的条件。他正是一个不能以常情去揣度的非常之人，他尽力给子孙们留下一笔丰富的遗产，并不是金钱，而是能永远辉煌存在的堂堂作人的精神和榜样。

与人共事时，他常与仁人贤士为伍。在推荐继任人选时，绝不计较私人恩怨，只唯才是问，推荐能者。用人时，更毫无偏私之心，这都是先父一生坚持的原则。

先父总是极力鼓励年轻人敦品励学，充实自己，好作国家未来的栋梁之才。他常对我们讲：“有能力无抱负不成，有抱负无能力，更不成，必要两者兼备，才有机会为国家出力。”又说：“年轻人必须在古人和今人中取法一两个人，他的处世为人才能有一个可靠而良好的标准。”先父一生最佩服的师长是王云五先生，最佩服的古人是诸葛武侯。“王老先生是苦学成名，学贯中西，忠公体国，品德高尚的忠厚长者。诸葛先生是竭智尽忠，淡泊明志，鞠躬尽瘁，死而后已的忠义之士。”“史可法、文天祥等人大难不苟，从容就义的一瞬间表现，乃是他们一生养天地正气，法古今完人的自然结果，是由来已久和水到渠成的事。一个一辈子见利忘义唯唯诺诺的小人，在国有大难之时，绝不会顿然醒悟为国捐躯，这和一个一辈子忠公体国，大义凛然的志士之必然要成仁取义，为国效死，是同样的道理。”

先父在世时，绝少去机场、车站迎送达官贵人。他以为尽管热衷此事的颇不乏人，但多迎送如仪，缺少感情，故不需再去凑数了。这虽是一桩小事，也足以表示他的为人。

他心存宽厚，古道热肠；尽管外表俨然，内心热情如火。有了烦恼困难总是个人一力承担，绝不愿因自己情绪的低落而影响别人。对任何亲友、学生乃至素昧平生、登门求助者的困难，视同自己的困难一样，一定全心全力求得解决。因而，先父在世之日，助人一臂之力的事，屡见不鲜。

再者，无论亲友间、学生间或同事间有了纷争，只要他知道，一定出面为人调解说项。他老态度公正，出言成理，故一般能收到良好效果。先父从为人服务中获得了无比快乐，绝不考虑别人对他是否有“投桃报李”之想。

尤有进者，先父不但不计较别人回报，对一些曾受助于他，事后对他态度不好者，再度上门求助时，仍全力协助。我曾问他为什么要这样？他讲：“一个曾对我态度不好的人，又上门来有求于我，他的心里一定会有惭愧感觉的。而他还要再来求我，一定是情势很迫切了。所谓‘不念旧恶，既往不咎’。但这还不够，我必须要更进一步地在此刻去帮助他。再说，一个不时需要我帮助的人一定也是在奋斗生存的条件上不太具备的人，因而我更要对他加以提携和维护。这正像作父母对自己病弱的孩子要格外关心、格外心疼是一样的道理。再有，宽厚是长者之风，也是最好的一种教育方式。在别人需要协助的时候冷淡了他，就是凉薄的表现。如今世风日下，我们提倡忠厚之风还唯恐不及，哪能再背道而驰呢！而且，度量宽宏是为人做事、为国做事的基本条件。越想做大事，越得有大度量不可。

晚年臧启芳在书房中

‘宰相肚内能撑船’也便是这个道理。”

1957年，先父在台大医院住院检查时，邻室一退伍军人因病急待输血而款源无着，先父获知此事后，随即掏出身上仅有的两百元资助他。又一次，一个生人上门求助，父亲便给了他几件旧衣服和几十块钱，事后他告诉我：“我想这个人欺瞒的成分很大，但是我宁愿受骗，也不愿错过一次助人的机会。”由此可见先父之同情心。

有人求先父帮忙，他无能为力时，一定一口回绝，从不敷衍。我问何以如此，为什么不圆滑一点？先父则说："记住，英年，当你确实不能为人尽力时，必须直截了当告诉他，白白让人家抱了一阵空希望，岂不是未助之反害之了吗？就如同对于一个垂死的病人，我们应该尽量说些好听的话去安慰他。但对于一个本来可能医好的人，如我们医术不济，绝不能冒充良医，耽误了挽救时机，必须直截了当地告知，自己医术不行，请他另就高明。"

家母和先父同庚，12岁订婚，22岁结婚。先父去世时，二老结婚已悠悠46载。先父和家母婚后相亲相爱，感情老而弥坚；从我有记忆起，从没见他们有不和睦的情形，家母生于旧时代，没有读书机会，而先父早年在国内完成大学教育，后又负笈美国，但先父对家母的爱绝不因而稍减。这固然由于二老间深厚的感情，但先父善良的本性也是必要条件。

先父在台生活的最后12年里，我已长大成人，有不少机会亲聆教诲，目睹他的处境。有几桩耳闻目睹的事要就此一谈。

有一东北籍立委刘博昆，在一册个人藏书某页上写下眉批"蒋某未必有此雅量"，是比较毛泽东以往一事而言。此书由邻居借去阅读，其人后来和刘委员反目，将该书送呈老蒋。蒋氏阅后龙颜大怒，降罪于刘，立即革除其立委职务。

蒋介石七十诞辰，希望各方人士以进言代替庆祝。先父乃发表一文，建议其"减忧节劳"，不要大权一统，操劳过分，也不要事必躬亲，日理万机。结果忠言逆耳，触怒老蒋。

《自由中国》创办人雷震先生在台主张由部分国民党人士和其他党外人共同创办一个"新党"，以发挥对国民党监督和竞争的双重任务。蒋介石大怒之下，借口《自由中国》言论歪曲，动摇国本，于1960年9月下令将雷震押解入狱。其后由胡适先生在国外发起，要营救雷震先生出狱。国内外20多位学者和知名人士签名投书，先父是其中之一。该请求书据说引起蒋氏万分震怒，撕为粉碎，投掷地上。雷震入狱也坐足10年之期，才获释放。因此，先父也上了"黑名单"。转年2月28日先父在东海大学病逝，毕生"公务员"身份竟未获铨叙部承认，遗属应获得的抚恤金也分文不发。

纵观先父一生，他少怀壮志，勤学进取，努力向上，克服万难的正人君子。身为知识分子，在所有的工作岗位上都实现了乐观前瞻，公正清廉的作风，不畏权势，仗义执言，待人宽厚，律己甚严，堂正为人，垂为典范。由于他个性耿直，又恶绝送往迎来，虽学识丰富，品德高尚，却不为掌政者赏识和重用，未能获得更多的发挥、建树和服务社会的机会，这既是他个人的失落，也于公众不利，然而他已求仁得仁，尽其在外了。

姥姥琐忆

姜浩峰

对于外祖父母，北方人称“姥爷、姥姥”，南方人称“外公、外婆”，当然也有些更富地方特色的称谓。许多人感到奇怪，为什么我称自己的外祖父母为外公、姥姥。

我的外公王熙午，江苏扬州人，后来带着他的长子到北京发展，至今，我那年届八旬的舅舅，一直住在北京，说话仍带着南方口音。我的姥姥任明则是土生土长的北京人，自

1950年姥姥(右二)与同事合影，其时她穿人民装，胸前别的是国徽，而后排一位女子穿着皮夹克

1956年8月20日西北地质局财务处全体合影，二排左一是外公，右二是姥姥

幼家住雍和宫附近。

1950年代初，作为中央人民政府地质部的干部，王熙午先生和任明女士与同事们共同支援内地，到大西北工作。这张西北地质局财务处全体同志合影，摄于1956年8月20日西北地质局第二次财务工作会议，二排左一为外公王熙午，二排右二为姥姥任明。当天还有一张照片，是与会同志集体合影，规模比前一张大，可能是财务处和基层财务干部合影，一排左五是姥姥任明，四排右二为外公王熙午。从两张照片看出，当时，王熙午和任明在一个部门工作，是同事关系。事实上，他们那时已结为夫妻，并有了小孩。

家母王书华，出生于1954年。当时，幼年的她随父母前往青海，并在青海长大成人，结识了从上海随父母支内到西宁的家父姜英良。那已经是1970年代中后期了，1976年家祖父母已经提前退休回到了上海。据祖母屠洁回忆，1976年周总理、毛主席先后逝世，当时祖父姜启贤和她都很害怕，怕运动更激烈，于是申请提前退休回上海。家祖父曾在国民政

1956年8月20日西北地质局第二次财务工作会议留念，一排左五是姥姥四排右四是外公

府军政部、交通部任职，在抗战胜利之际，赴南京、上海监收敌产。有意思的是，当时作为政府职员的祖父并不是国民党员，由于看到国民党的腐败，于1947年辞职。祖父在上海认识祖母，结为伉俪，1960年随单位迁厂到西宁支内，在青海省纺织品公司任会计工作。“文革”期间，祖父并未受到大的冲击。

当祖父母携家父姜英良前往青海之时，正值人民公社化运动的高潮。与如今人们印象中人民公社大致在农村不同，从姥姥留下的一张1960年拍摄的照片看出，当时即使是青海的省级机关，也成立了人民公社。姥姥所在的是“省级机关人民公社第八分社第四大队生产组”，到拍摄的1960年5月，正是成立一周年的日子。这张照片显然是在照相馆拍摄的，背景是北京的颐和园。北京，当时不仅是姥姥任明的故乡，更是人民中国的首都。

我还翻找出一张外公51岁时就医的门诊证。这家名叫小桥的医院，正是我出生的地方。外公于1980年代初病逝，时年已过七旬。而后我到上海祖父母家生活。在离开西宁

1960年3月青海省省级机关人民公社第四大队生产组成立一周年留念，前排右2是姥姥

前，姥姥一直称我为孙子，而我也将上海的奶奶称作“上海姥姥”。

我知道姥姥是离休干部，她是1949年10月1日前参加中共领导的革命工作的。及至家人讲述，1988年时，姥姥看电视新闻突然潸然泪下。原来，那条新闻讲述的是华人女性成之凡竞选法国总统。姥姥回忆，1948年，作为青年学生，她应聘到成舍我先生的《世界日报》工作，成舍我安排她的工作是担任成之凡的英语家庭教师。

之后成舍我南去，平津战役也以和平解决北平问题收官。姥姥正是在平津战役后，在共产党阵营谋到职的。姥姥曾向我回忆，1950年代初，地质部尚未成立，当时的全国地质工作计划指导委员会也有苏联专家。姥姥说：“我们家邻居，就是一个苏联专家。那时的感觉，苏联人真是穷，比中国人穷。怎么说呢，比如我们家一盘西红柿炒鸡蛋，放在厨房。苏联专家的女儿，就那么大，6岁吧，小女孩儿，偷偷溜进我们家厨房，竟然都吃了。她不但穷，而且还没吃过这么好吃的玩意儿！”

而到了青海以后，外公和姥姥也尝到了真正穷的滋味。特别是人民公社化后的1960年，也就是家祖父母和我父亲到青海的那一年。姥姥说：“平时家里没什么吃的，你妈就是吃土豆长大的。只有逢着你外公去开会，你外公级别高，开会会去食堂开小灶，有炒菜，有白面馒头。他舍不得吃，装饭盒里带回来给你妈吃。”

外公逝世后，葬到了北京八宝山。1984年，年过七旬的姥姥带着我妈，坐两天两夜火车，从西宁到上海，接上我，再坐一天一夜火车到北京，住在我舅舅家，然后到八宝山给外公扫墓。

1965年外公去北京探亲，与舅舅、舅妈、大表姐、大表哥全家合影，摄于酒仙桥照相馆

回想幼时，姥姥是最舍得给我花钱的长辈。四岁以前，我的玩具很多。大多是姥姥买的。我记得有铁皮的飞机、铁皮的上发条可以动的公鸡、木头的积木、塑料的飞碟，等等。姥姥还亲自给我粘过风筝。

逢人问，姥姥都会乐呵呵地说：“给孙子的。”那满头的银发一丝不乱。那时候的姥姥六十多岁了，是个精神的老太太。

四岁后，我来到上海奶奶家。临跨出青海姥姥家门时，我妈哄我说：“去上海姥姥家。”因为那时候的我，脑子里并没有“奶奶”这一概念。那时候，外公刚过世没多久。而我由父母决定“投奔”上海奶奶家，几乎带走了属于孩子的全部家当——铁皮飞机、铁皮公鸡、木头积木，外加一个印着“北京”字样的大饼干箱。那饼干箱四壁是彩色的故宫、颐和园、八达岭长城、天坛的照片，绿底金边，很漂亮。乃至我早就忘记了里头最初装的是什么饼干，却对这饼干箱念念不忘。

1966年春节外公、姥姥、家母合影

1969年，家母去北京探亲，与舅妈、表姐、大表哥合影

到了上海以后，那飞碟好像再也没飞过，很长一段时间被奶奶用作了茶盘。时间久了，我的那些个铁皮玩具也大都流散。至于新添置的玩具，着实不多。主要原因是祖父不愿意给我买玩具。大概他认为四岁以上就是大小孩了，给我买的东西，不是象棋就是塑料钢笔。那时候，他成天在写文章，不是有关会计的论文，就是一些文史资料。还对着收音机学法语。那劲头像个大学生。当他坐在大桌子前拿着钢笔写字，我就坐在小板凳上，就着方凳拿着塑料钢笔写“字”——我写的字，除了“上”“中”“下”之类、画圈圈以外，就是占据一个字格大小的乱涂乱画的玩意儿，排的很整齐，乍一看像天书或者东亚某邻国文字。

到上海我唯一添置的玩具，则是老太太给我的一个小木鱼。老太太是奶奶的母亲，亦即我父亲的外婆。然而我的父亲、叔叔、孃孃，全都称这位外婆为奶奶。其原因可能是我祖父单枪匹马到上海，我的父辈从未见过他们的祖父母。当时老太太已经接近九十岁了。我常常坐到她床头听她讲故事。不过她那些故事，我从来没听懂过。

外公、姥姥和妈妈全家福，摄于1960年左右

姥姥与妈妈母女合影，摄于1960年左右

1984年，姥姥和妈妈自青海来沪，再带幼儿园毕业的我去了次北京。后来我再回西宁，姥姥也没再给我买玩具了。当我五年级升初中预备班那个暑假独自坐火车去青海，姥姥送了我一套繁体字版的《西游记》。原因是我告诉她，我已经通读了繁体字版的《三国演义》了。然后，她又带我去新华书店买了好几本演义小说。回家路上逢人就说："给孙子买的。"甚至19岁那年，我再去西宁，在街头和姥姥一起吃拉面，有她的熟人指着我问："这小伙是谁？""孙子。"姥姥笑眯眯地答，那满头的银发依然一丝不乱。那时候的姥姥，已经八十多岁了，仍是个精神的老太太。

那时候，我大概算是刚厘清中国人的亲属关系表，于是接口道："外孙，是外孙啦。"

这一次我回上海不久，1998年姥姥病逝于西宁，享年88岁。又过了几年，她和外公的独女，也就是我母亲也因病去世。我真的体会出姥姥称我为孙子，是怎样一种欣喜欣慰的心情。如今，幼时的玩具大多找不到了。但姥姥送我的《西游记》还在我的书橱里放着，那个飞碟还在。后来，家父退休返沪后，将姥姥和家母王书华落葬于上海松鹤墓园。

每年，我也会到姥姥坟头去，只是即便说一句"孙子来看您了"，亦不知老人是否能听得到。

太和殿受降，见证古都北平伟大荣耀

魏云兰

1937年7月7日晚，卢沟桥上的枪声正式宣布中日之间进入了全面战争状态。自此，中国地无分南北，人无分老幼，皆肩负起守土抗战的责任。随后八年，古都北平见证了中国作为二战东方主战场抵抗外敌入侵的惨烈历史。中国人民在付出惨重的代价之后，于1945年8月15日迎来了日本的无条件投降。

战争胜利的荣光很快光耀中华大地，中国政府随即开始紧密筹措对日受降事宜。1945年8月22日，中国陆军总司令部部署了受降的具体安排，将全国划分为16个受降区。其中，天津、石家庄、北平、保定为华北受降区，受降主官为中国第十一战区司令长官孙连仲上将。8月25日，中国陆军总司令何应钦电示孙连仲将军，明示华北日军投降办理地点为北平。

随后，孙连仲上将指派参谋长吕文贞少将为前进指挥所主任，在北平设立前进指挥所，地址选在定阜大街，专司传达战区受降主官命令，督促日军从速履行无条件投降事宜。9月9日，当中国战区受降签字典礼在南京盛大举行时，吕文贞将军一行从西安飞赴北平西苑机场，日军华北方面军参谋长高桥坦中将到机场迎接。一贯心高气傲的高桥对胜者的到来似乎很不适应，尤其在主动握手被吕文贞拒绝后，双方交流更不融洽。随后，吕文贞将军直奔市区，暂下榻北京饭店。

9月10日上午，吕文贞在北京饭店召见日军华北方面军司令官根本博中将，作一次非正式谈话，示意中国第十一战区司令长官孙连仲将军将作为受降主官于10月10日在北平办理日军投降之事，在中方受降部队接收各地区之前，命日军继续维持治安。根本博表示将对北平、天津、保定和石家庄地区的安全负绝对责任，并指定参谋长高桥坦作为全权代表与前进指挥所进行公文联络。

北平受降主官，第十一战区司令长官孙连仲

9月12日，北平前进指挥所在定阜大街迎宾馆召日方高桥坦前来洽降，接受受降官的命令。同时明令日方代表不准佩刀、佩勋章勋表。日方曾托说客到指挥所专门为此“面子大事”周旋，遭到中方严辞拒绝。出席洽降仪式的中方代表有吕文贞少将、刘本厚少将、刘云楷少将和翻译初光中校。列席人员有高卓东、刘漫天、施奎龄、何海秋、张伯驹、陈开疆、刘之泽、张家铨、杨海澜、许绍庄、李竞俊、王子恩、张廷楼、黄宗徽等14人。记录员为张养浩中校、秦泽民上尉。中央社分社主任丁履进、江松年、马在天、赵光贤、白进文、卜青茂等六人与会报道。日方代表为日军华北方面军参谋长高桥坦中将、尾关正尔中佐和山内虎雄中尉。此次洽降确定了与受降有关的重大事项，尤其是明确了所有提出文件一正两副三份文本，以中文为正本。

在筹备北平受降工作期间，吕文贞受邀作为观礼人员参加了10月6日天津日军在美军海军陆战队第三军团司令部大楼门前举行的投降典礼。这一露天广场举行的仪式颇为壮观，驻津日军司令官内田银之助及另外六名日军军官在签署投降书后，将各自佩刀呈缴这一细节，更显胜者威仪。这场美军主导的仪式中，露天举行与缴刀环节对吕文贞影响极大。此前，北平受降仪式办理地点已定在中南海怀仁堂，且“陆总”在向冈村宁次发出的中字第十七号备忘录中，已经传达了盟军最高统帅麦克阿瑟关于日军代表正式投降时不得佩戴军刀，日军缴械时不举行武器收缴仪式的规定。对此，吕文贞建议，中国方面在北平受降仪式应该更胜美军天津受降，因为八年抗战中中国遭

作为受降仪式现场的太和殿广场

太和殿受降仪式现场

受降仪式现场

受了太多苦难，北平承受了太多屈辱，应当让大家来分享胜利，让中国人通过参加一次公开的受降仪式来扬眉吐气。由此，故宫内的太和殿前广场成了理想之地。太和殿位于故宫南北中轴线的显要位置，为故宫三大殿之首，是明清两代国家举行大典的重地，在民间有“金銮殿”的美誉。选择此地除有广阔空间容纳民众参与外，在心理上也极为符合民众对一场酣畅淋漓胜利大典的期待。

10月8日，第十一战区司令长官孙连仲从西安经河南新乡至北平视事，侯镜如的九十二军亦由汉口开抵北平接管防务。此时，太和殿前仪式现场也准备就绪。国民党党旗和中华民国国旗左右交叉悬挂于殿前正中，国旗右侧依次悬挂中、美、英、苏四国国旗，党旗左侧与右侧对称悬挂四国国旗。广场中间置方桌一张，白布蒙盖，上面摆放笔墨一套及降书、受领证各三份。南北两侧各放一张太师椅，中方面南，昭示胜者身份，日方面北，显为失败之军。

10月10日，华北地区日军投降仪式在故宫太和殿前广场隆重举行。这一天是农历九

孙连仲进入受降仪式现场

日方代表进入故宫

月初五，北平天高日朗，带有凉意，是典型中国北方的深秋天气。郁达夫在《故都的秋》中曾说：“北国的秋，特别来得清，来得静，来得悲凉。”但1945年北平的这个秋天，却因为一场百年来的胜利显得高亢、热烈。10日7时黎明破晓，北平民众便从四面八方络绎而至，宽阔雄伟的太和殿瞬间便水泄不通，由此以南的午门至天安门的中轴线上，东、西华门，南、北池子，南、北长街均人头攒动，拥挤如潮。当时北平人口约200万，而当日见证此荣光时刻的民众约有20多万人。从规模来说，这次受降仪式是中国战区各受降仪式中规模最大的一个，也远远超过了9月9日在南京举行的中国战区受降仪式。

9时20分，负责担任警卫任务，素以武装整齐、军容严整的第十一战区特务团在民众欢呼声中，迈着坚实有力的步伐至太和殿前的受降台。9时30分，北平市长熊斌及其他党政军要员步入会场，肃立会场左侧。9时40分，美国代表海军陆战队司令洛基少将、华顿参谋长，英国代表蓝莱纳、苏联代表巴斯里克耶夫、法国代表马至礼、荷兰代表高克等外

日方代表进入受降现场

宾入场，肃立会场右侧。国民政府国防部长白崇禧莅临现场监督。9时50分，第十一战区司令长官，北平受降主官孙连仲上将及长官部幕僚在礼乐声中入场，随即民众持久鼓掌，现场气氛更加热烈。

10时10分，景山山顶礼号长鸣，宣告受降仪式正式开始。此时，会场礼炮响起，军乐队高奏凯歌。全体人员垂首，以恭敬之态为抗日战争中牺牲的同胞默哀。

按典礼程序，中外观礼人员就位后，孙连仲着上将军服款款步下太和殿台基，立于受降台后正中。随后，司仪官宣布引降使到场。在十一战区司令长官部参谋初光中校导引下，日方投降代表、华北日军最高指挥官根本博中将、参谋长高桥坦中将及副参谋长渡边渡少将等21人，由太和门左旁门入场。日军代表所经过之处，夹道两旁民众鼓掌欢呼“胜利万岁”“中国万岁”，北平人民八年来的压抑终获解放。

中方受降主官孙连仲

日方一行俯首低眉，行至受降台前，由根本博开始，依次立正向中国受降主官孙连仲行礼。孙连仲答礼后，根本博等退至左侧恭立。随后，司仪宣布“日本投降代表人根本博签字”。根本博来到台前，左手郑重压住文件，脱去手套的右手握笔垫在左手上，恭敬地在三份降书和三份受领证上签字盖章呈交孙连仲后退回原位。司仪再宣布“中国受降主官签字”，孙连仲上将双手着白手套，左手轻松搭在台上，右手执笔在“受降主官”栏下签字。旋即，在众目之下，根本博、高桥坦、渡边渡等21名日军将领呈缴军刀，依次置于台上，司仪命日军投降代表退场。根本博等人黯然从熙和门左门退下后，会场再次奏响国歌，全体人员对国旗、军旗致敬。此刻，一架盟军B25式轰炸机隆然从会场上空飞过，点

中方受降主官孙连仲在“受降主官”栏下签字

日军将领呈缴军刀置于台上

燃了会场激情。欢声雷动，响彻云霄，青年少壮欢颜尽展，暮年老者多已失声痛哭。受降典礼虽已完毕，而观众聚集不散，情绪至为热烈，场面殊为动容。

从1937年7月7日卢沟桥事变爆发到1945年10月10日太和殿受降，中国人民历时八年终于取得了胜利。从卢沟桥到太和殿，北平人民整整走了八年，北平也由此见证了中华民族的抗战历史。1945年10月10日是中华民国的国庆日，也是故宫博物院建院20周年纪念日。太和殿的这一次受降典礼，无论对国家、对民族，还是对北平、对故宫博物院都带有非比寻常的意义，值得每一个中国人铭记。

新中国第一辆国产汽车出厂

张晓东

1950年，毛泽东访问苏联期间，中苏双方商定由苏联援助中国建设一个载重汽车厂。经过精心筹划，中央财经委员会批准在吉林省长春市兴建。1953年6月，毛泽东签发《中共中央关于力争三年建设长春汽车厂的指示》，7月，第一汽车制造厂在长春市西南的孟家屯附近举行奠基典礼，毛泽东题词“第一汽车制造厂奠基纪念”。

一汽的建设，凝结着全国人民的心血和汗水。在建厂时期，全国各地为一汽输送了大量干部和技术工人，培训了大批青年工人。以建筑五师、机电安装公司为代表的两万多名建设队伍，成为建设工地的主力军。

国产第一辆解放车下线了

1956年7月13日， 长春第一汽车制造厂装配出了中国第一辆解放牌CA10载重汽车，总装配线两旁，人挤得密密麻麻，在欢声笑语和雷鸣般的掌声中,12辆解放牌卡车陆续驶下装配线，不仅第一汽车厂内欢声雷动，消息传出，举国欢腾，因为这一天意味着中国结束了不能制造汽车的历史。孟少农副厂长、工艺处、设计处负责同志、苏联专家和各有关车间同志都以抑制不住的热情摸着汽车的各个部件，倾听发动机的转动声，像母亲第一次抱起新生的婴儿一样欢喜。

解放牌载重汽车以苏联生产的吉斯150型汽车为范本，根据中国实际情况改进部分结构后设计和制造出来。装备90匹马力六缸汽油发动机，最高时速可达到65公里，载重量为4吨。不仅适合当时中国道路和桥梁的负荷条件，而且还能根据需要改装成适合各种特殊

1956年7月15日一汽建成开工典礼

用途的变型汽车，如公共汽车、加油汽车、运水汽车、倾卸汽车、起重汽车、工程汽车、冷藏汽车和闭式车厢载重汽车等。第一批下线的“解放”牌载重汽车，还参加了1956年国庆阅兵式。“解放”牌的问世，改变了中国城乡交通和公路运输的落后面貌，成为城乡交通和公路运输的主力军。

第一批解放牌卡车巡游

自建厂以来，有大批苏联专家来厂进行技术援助，三年中苏联专家共提建议18503件，其中涉及土建方面3137件，设备安装和生产方面15366件，这些建议在建厂过程中解决了许多关键性问题，对建厂和保证出车起了极大的作用。三年来，苏联专家系统的讲课、专题报告、专题讲解共1235次之多，每天早晨和星期一、三、五的晚上，几千名职工奔向1栋和65栋进行学习。通过向专家学习，广大职工的业务知识和技术水平都有了很大提高。另外还配备专人以师傅带徒弟的方式向专家学习，学习人员共有232人，趁专家在厂时学会专长，在苏联专家回国后能接替专家的工作。

职工们为迎接国产车的诞生、向建厂三周年献礼，以突出的成绩迎接党的第八次全国代表大会的召开。

铸工车间灰口工部在7月份出最初的两炉铁水时，他们以6个小时突破了苏联的设计定额，创造了前刹车鼓202箱、手刹车盘199箱的新纪录。

11日，冲压车间轮工部装配出第一批汽车车轮，送到总装车间。第一批汽车车轮是在苏联专家的指导下进

行的，当月将装配805个车轮。

13日早晨6点半，15台自制发动机的最后一台也经过试验台试验，经技术检察处检查合格。装配实验中，在专家的帮助和大家的努力下，解决了零件热处理不合格、螺丝硬度不够等技术难题。

集会庆祝建厂三周年

1956年7月14日，早晨8点半，在汽车俱乐部举办庆祝建厂三周年和先进生产者代表会议，主席台上布置杨海棠衬以夹竹桃。

会上郭力副厂长报告了建厂三年来的巨大成就，党委赵明新书记作了关于先进生产者运动开展情况及今后意见的讲话。通过了向党中央、毛主席的报捷信，信中写道："敬爱的毛主席和党中央，我们第一汽车制造厂全体职工怀着万分兴奋的心情向您报告：党中央关于力争三年建成长春汽车厂的指示，已经实现了！今天，我们正以完成建厂任务和试制出一批国产汽车来热烈庆祝建厂三周年。""我们正在积极作好各项生产准备，组织全面开工生产，保证以在第三季度内生产出250辆质量合乎要求的解放牌汽车的实际行动，迎接党的第八次全国代表大会的召开，并向今年的国庆节献礼。"

从奠基时就跟着挖第一锹土的苏联专家希格乔夫， 代表苏联专家向全体职工祝贺，他说：长春再也不是从百科全书上查到的一个铁路交叉点了,汽车厂的职工已经将她的面貌做了根本的修改。

第一批解放车向省、市委报喜

1956年7月14日，下午1点，一汽人制造的国产汽车将由被选出的优秀司机驾驶，载着劳动模范、先进生产者和各单位代表，在绕厂一周后，赴长春市向省、市委和省市人民委员会报喜。12辆打扮得漂漂亮亮的"解放"车载着一汽400名先进生产者，组成报捷车队，与全厂职工见面，浩浩荡荡向市内驶去。等待在厂内中央大道两旁的人们挤得没有可落脚的地方，窗口内、楼角旁都站着欢送报捷队的职工们，他们把汽车围了个里三层外三层。当车队经过厂部大楼时，车上的人们向夹在人群中的苏联专家挥手致谢，苏联专家希格乔夫双手举在头上打拱，祝贺新中国伟大的成就。车箱上挤不下，激动的人们有的站在脚踏板上，还有的坐在前保险杠上。指挥人员怕出危险劝大家下来，怎么劝也没有用。虽然天气很热，人们晒得满头大汗，可谁也不肯下来，都想尝一尝坐国产车的滋味。当汽车驶入市区时，电车内的乘客探出头来，向报捷的车队欢呼鼓掌，通过的街道变成了欢乐的海洋，到处红旗招展，锣鼓喧天。人们争着把鲜花、彩带投向汽车，很多人手里没有鲜花，就拿高粱、苞米往车上抛洒。汽车在人海中缓缓穿行，这个看看车头上令人骄傲的"解放"标志，那个摸摸绿色的车身，都夸咱们国家自己造的汽车真是太漂亮了！一位白发苍苍的老大娘挤上前去，说啥也要坐坐国产汽车，工作人员将她扶上车后，她乐得合不拢嘴，一个劲儿地说："我可坐上咱国家自己造的汽车啦，就是死了也不屈了！"有一个61岁的都献政老大爷，家住在太平街，提前一个小时就在路旁等待解放车的出现。

在市政府门前，人们的感情达到更为炽热的程度，路被人海堵住了，连一道缝都没有，汽车走不了，只好在维持秩序的同志指挥下，用最慢的速度前行。在吉林省和长春市党政领导的机关大楼前，一串串鞭炮从三楼垂到地上，车队从鞭炮的浓烟中穿过，先后到达各个领导机关。车队还来到苏联专家的驻地，感谢他们对汽车厂建设给予的帮助，苏联专家和家属抱着孩子涌向车前，向车上的人们献花、握手。

驾驶第一辆国产车下线的52岁老司机马国范拥有26年驾龄，以前开的是从美国最先引进的一种没有变速器的老式汽车，驾驶中国自制的汽车还是第一次，他激动地说："我开了几十年的车，在小鬼子和国民党时候开的都是外国车，想不到今天能开上我们自己造的汽车了！昨晚一宿都没睡好觉，就盼着这一天哪！"被选上的女司机王立忠，年仅19岁，绰号"三哥"，那时候她特别有劲，一只手拎一桶水都不费劲，就和男的一样，冬天也跟他们一起，戴个大帽子，穿个大棉袄干活，所以才有了这个外号。人们向她投出羡慕的目光，妇女们赶上前来，与她握手，摸摸她的肩膀，她永远忘不了那激动人心的时刻。

为开第一辆国产车，马国范又剃头又刮脸，表露出的幸福心情，被同行刘义注意到，他把这件事告诉他搞文艺工作的哥哥，他哥哥刘忠听后也激动不已，就编了一首歌词《老司机》，请作曲家先程谱了曲。

歌中唱道：

五十岁的老司机我笑脸儿扬啊
拉起了那个手风琴咱们唠唠家常啊
想当年我十八就学会开汽车呀
摆弄那外国车呀我是个老内行呀可就是呀没见过呀中国车呀啥模样啊
盼星星盼月亮啊盼的这国产汽车真就出了厂
哟呵嘿嘿！咱们的工人阶级为祖国争了光呀
嘿嘿嘿嘿嘿嘿嘿嘿嘿嘿嘿嘿嘿嘿哟
转一转这黑油油的方向盘哪
摸一摸明亮的玻璃窗
看一看毛主席亲笔题的字呀
解放两个大字闪呀闪金光呀

1956年7月15日庆祝新中国第一辆解放牌卡车诞生

这光芒照的我眼更明呀心更亮
毛主席领导咱自力更生奋发图强
中国呀变了样
满怀豪情我浑身有力量呀
嘿嘿嘿嘿嘿嘿嘿嘿嘿嘿嘿嘿嘿嘿哟
祖哇国的土地呀是多哪多辽阔呀
我开着国产汽车跑的是真快活呀
真想着一转眼儿我跑遍全中国呀
把所有的建设材料都装上我的车呀
日夜地哇不闲多呀
运食粮啊运钢铁呀爬大山过大河呀
我老头亲自开车建设咱中国
哟呵嘿嘿！
再活上五六十岁我也不停车呀
嘿嘿嘿嘿嘿嘿嘿嘿嘿嘿嘿嘿嘿嘿哟
我也不停车呀嘿！

文艺晚会

在厂俱乐部、第一食堂等十处举行露天演出。舞池里、走廊上、大门外，都挤着穿着节日盛装的姑娘和小伙子，在年轻人中破天荒出现了银须飘然的老大爷和满面皱纹的老大娘，有的全家来到会场，他们说：这样大的喜事应该痛痛快快欢乐一场。

运动大会

1956年7月15日，在301体育场举行了第三届职工田径、举重运动大会，有962名运动员参加了比赛。在这次运动会上，有26名男运动员打破了11项厂记录；有13名女运动员打破了6项厂记录；最轻量级举重运动员何安平以举重总成绩230斤打破省举重215斤的记录；次轻量级举重运动员张万厚以222.5斤举重总成绩打破省举重200斤的记录；撑杆跳运动员汪洪官以3.12米的成绩打破了第一机械系统的2.92米的记录和长春市3.05米的记录。

联欢会

1956年7月15日晚，在市内胜利公园，千余人同三年来与一汽人同甘共苦的苏联专家举行盛大联欢晚会，不管大人、孩子，年轻的妈妈和红领巾们都在谈着同一个内容：我们厂出汽车了！

为庆祝建厂三周年，厂所属食堂从本月14日晚餐开始，到15日止，降低饭菜价格。

托儿所、幼儿园降低保育费，全托将收取的保育费由4元5角降低到3元；日托站将保育费由2元降低到1元5角。

回想着那几天，是一个沸腾的几天，欢乐的几天，永存记忆的几天。

赵元任日记里的中国科学社常年会

黄家林　赵新那

1916年9月2～3日，中国科学社第一届常年会在美国麻省Andover举行。上午讨论会务，任鸿隽社长作开幕发言，赵元任作秘书(书记)工作报告，下午举行学术讲演，晚上进行游艺活动。赵元任的日记记载："The science convention went fairly well.I should call it

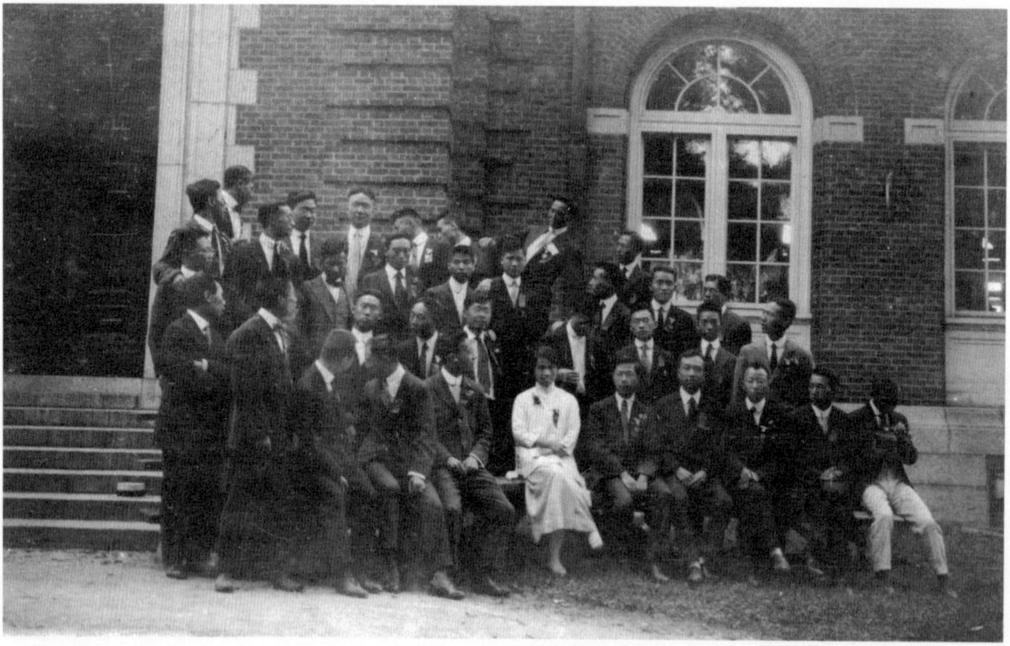

合影前代表们在排座次

1916年中国科学社第一届常年会会员合影留念
前排左④起：赵元任、任鸿隽、陈衡哲，杨铨(②排右③)

a success considering it was the first one.”(就是说作为第一次开常年会算是很成功的)

赵元任在日记中描述了中国科学社第一届常年会的一些活动

Sept2，1916 The First Annual Convention of the Science Society of China.

(文左行注)：Science Convention

Got up before 6 to prepare my paper for the PM Literacy meeting. Breakfast was a little late so we had to wait a little. Went to -Bldg to see about key from janitor. Graves Hall, the place of business meeting, being a little out of the way, was hard to find for the members. The janitor failed to come to open the building on time. I went in by the basement door & opened let people in. Business began at 9:30. Attendance was good and we went along quite well in speaking Chinese. Zen gave his opening words, I gave my secretary report rather poorly. The various reports took fairly long time.

(文左行注)：I marked time on blackboard from time to time.

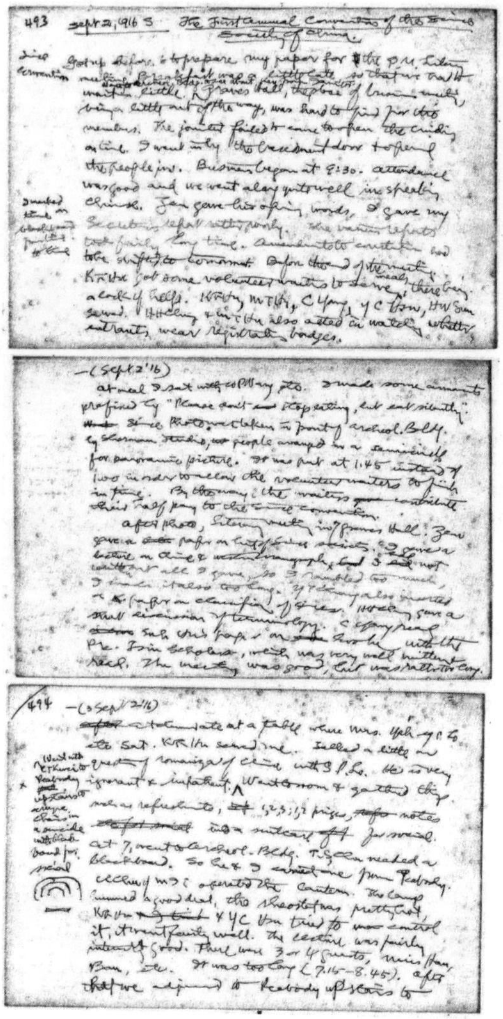

赵元任日记

Amendments to constitution had to be shifted to tomorrow. Before the end of the meeting, K.T.Hu got some volunteer waiters to serve meals, there being a lot of helps, K T Hu, M T Hu, C Yang, Y C Hsu, H W Sun, served. H H Ching & M T Hu also acted on watching whether entrants wear registration badges.

科学社年会

6点钟起床我准备我下午会议的发言稿。早饭开迟了，我们得等。到大楼找看楼工人janitor取钥匙。工作会议在Graves大楼开，地方比较远，会员不太容易找到。大楼工人没能按时开门，我从地下室门进去给人开门。工作会议9:30开始，出席人数不错，我们用中国话进行的很不错。任(鸿隽)作开场讲话，我做秘书报告发言，差点儿。各个报告都比较长。

(文左行注)：我在黑板上记下时间。

(科学社)社章的修订工作推到明天进行。会议结束前，胡敦复找到许多志愿服务员端食品给大家吃，志愿人员很多，K.T.Hu等等。胡同时还帮助检查入场人员是否配戴了注册牌没有。

-(Sept2’16)

At meal I sat with W.P.Wang etc. I made some comments prefixed by “Please don’t stop eating, but eat silently” Since photos was taken in front of Archeol Bldg by Sherman Studio people, people arranged in a semi-circle for ….picture. It was put at 1:45 instead of 1:00 in order to allow the volunteer waiters to finish in time. By the way, the waitors contribute their half pay to the Science Convension.

After photo, Literary meeting in 7 Graves Hall. Zen gave a paper on History of Science Society. I gave a lecture on Chinese & Western M…graph, I had not written out all, so I mumbled too much, I made it also too long. Y.T.Chang also inserted a paper on …., H.C. gave a short discussion on terminology. C.Yang read Suh Hu' s papar, which was well written & well read. This meeting was good, but was rather too long.

吃饭时我和W.P.王等坐一起。我说了一些建议，"吃东西可以不停，但吃东西的声音轻轻地" Sherman照相馆人在A…大楼前给大家拍照片，让人们按照半圆形排列。1:45拍照，而不是原定的1:00，这样可以让志愿供饭者有时间把事做完。再说，这些志愿者所获劳务费的一半捐给了年会。

拍照之后，在G…大楼7号进行讲演会(Literary)。任鸿隽报告科学社史。我见中西方的M…图，我没有都写出来，而是咕噜咕噜的说好多，我也讲的太长。Y.T.张也插入一篇报告，H.C.讲有关专门名词，杨铨代替胡适作报告，报告写得也好，读得也很好。会议举办得很好，就是太长了。

-(3 Sept 2' 16)

At dinner sat at a table where Mrs. Yeh Y.C. etc sat. K.F.Hu served me. Talked a little of Romanization of Chinese S.P.Lo, he was very ignorant and inpatient.

Went with C.T.Kwei to Peabody upstairs to arrange chairs in semicircles for social. Went to rooms to gather things, such as refreshments, 1,2,3; 1,2 prizes, notes into a suitcase for social. At 7 went to Archeol Bldg. T.S.Chu need a black board, so he & I carried one from Peabody. C.C.Chu of … operated the lantern. The lamps hummed a great deal. The rheostat was pretty hot. K.T.Hu & Y.C.Hsu try to control it, it went fairly well. The lecture was fairly interesting and good. There were 3 or 4 guests, Miss Han…etc. It was too long (7:15—8:15) . After that we adjoined to Peabody up stairs to

吃晚餐时和叶太太等坐在一起。胡刚复给我端来食品。跟S.P.罗谈谈国语罗马字问题，他不清楚也很不耐烦。

跟C.T.桂到Peabody楼上，为游艺会议活动把坐位摆成半圆形。到各房间寻找东西，如饮料，1，2，3；1，2 奖状，笔记本等放在手提箱中带到游艺会上用。T.S.Chu需要用黑板，我们就从Peabody d带走一块。C.C.Chu 负责放幻灯。灯常常放出鸣声。电阻箱挺热，K.T.Hu & Y.C. Hsu 试图控制住温度，进行的很好。报告很好，比较有趣。来了3-4位客人，韩女士等等。时间太长了(7:18-8:15).

我们后来到楼上Peabody 一起……

-(4 Sept 2 '16) (495 --(5 Sept.2 ' 16)

the social. M.T.Hu gave demonstrated talk on "…… ", I gave paper strip puzzles which offer a good deal of entertainments. C. Yang gave the…… spelling Contest. It went more slowly than expected. ……

I gave the question games, Y. Tang kept the score on black board. Miss S. Chen was rather strong, K.T. Wang was rather quick.……

Later came in Soong brothers & sisters, ……They were strong in general tricks.……

……游艺活动。胡明复作了些示范……我提出的字迷游戏，提供了许多乐趣。 杨铨提出一拼字比赛，进行得比想象的慢。我又给出问答游戏，唐钺帮助在黑板上记成绩，陈小姐较强，王先生快 ……

过后宋氏兄弟姐妹来了……他们对一般的比赛游戏比较强……

495 -(5 Sept.2 ' 16)

……the program ended after 11, very late. It was successful on the whole, but it was too long. Refreshments were served.

11点钟以后活动才结束，很晚。总的讲是成功的，但时间太长了，会议提供了点心。

496 -(Sept 3 ' 16 Su)

It was a long wait. We read the Herald & Times & talked with waiter, 余才who spoke Cantonese. After dinner, we hurried back to Andover. We meant to catch the 4:14 Sunday train for Boston. Reached my room at 3:35, everything in a jumble. I packed things a little after 4:00, hurried down with Ming Fu & K.F. to station.We walked first, then when a car came we took it. Met Chu brush (met at Lawrence) near station. We just saw the train carrying in when we nearing the station, we caught it.

Sat with K.T.Kwei, then with Miss Moy, C. Ku & Miss Han also together. At Boston, the same crowd of a dozen or so came to Cambridge. Talked in C. H. Chu' s room., with mostly science members who were there. Y. P. Wang talked some …about 山东. Ate at Williams……

等了很长时间。我们边读Herald & Times报边和伙计说话，余才说的是广东话。晚饭后我们回到Andover，我们原打算赶4:14星期日去波士顿的火车。3:35到了我屋子，东西散得乱七八糟，4:00多一点我收拾了一点东西，跟明复、刚复急急忙忙赶往车站。开始我们步行，然后一辆车过来，我们坐上去。靠近火车站时路上擦过朱(Chu)某。当我们快到车站时看见火车徐徐进来，我们赶上车了！

跟K.T.桂，M小姐、韩小姐一起到波士顿，还有许多同样的人们也来到剑桥。在.C.cch.住的房间里谈话，那里主要是科学社的社员们。Y.P.王谈到山东等等。吃饭在Willians饭店。

Sept.3, 1916 Su 12:30-12:45—6:30-6:40—7:00-7:10

Rather tired, but still got up with high pitch of energy. Forgetting to arrange specially to have Grave Hall open, we intended to use Peabody 7, but it was not opened as expected. Fortunately I have the key to Archese Bldg. Miss Mabel Lee wanted to see me about publishing of CSA Bibliog. & I had to run to L… , Hall where she came on horse back and back to Archeol.

Business meeting of Sci. Convention was continued in the same place as that of Chu' s Lantern slide lecture, there were over 20 present. Most of the discussion was on proposed amendments to the constitution. They went very smoothly and were finished by 12 when everybody gave… cheers. The Convention ended, successful on the whole. M.T., K.F. Ho YH, C. Yang, K.T. Wang went to P······ for dinner. More other groups in car, Hsu, Kwei, the miss Hans, Mrs. Chen, Zen··· etc. We went to a "New ···" ······St.

相当累，但还是很有劲儿的起来了。忘记安排开G···大楼的门，我们打算用Peabody7，但没能如愿打开门。幸亏我有A···楼的钥匙。M.李小姐要见我商量出版CSA文献目录的事情，我必须跑到L···大楼见她，她是从A···大楼来回骑马赶来的。

科学年会事务会议就在Chu放幻灯片演讲那间房间举行，二十多人出席。主要讨论科学社章程的修订问题。进展很顺利，12点钟完成，大家欢呼。年会结束，总的讲成功的。

明复，敦复，何···，杨铨，王···等到P···饭店聚餐，其他一些乘车前往，含女士们，陈太太，任鸿隽等，我们出去聚会。

第二次常年会1917年在美国勃朗大学(Brown University)举行。

在这次常年会上，作为中国科学社应届书记，赵元任作了书记报告及常年会干事报告。会议期间改选董事三人，周仁，竺可桢，邹秉文当选，任鸿隽仍任社长，赵元任任书记，胡明复任会计。

1918年第三次常年会。本次年会8月30日至9月2日与中国工程学会联合召开，

中国科学社第三次常年会代表合影
一排左①金岳霖、⑤任鸿隽、⑥范源廉、右①陆费执，二排左①罗英、②赵元任，后排左⑥杨铨

南京成贤街文德里的中国科学社

在南京的中国科
学社大门前

“大家排好队合影留念呀”……赵元任在叫喊

前排左起：任鸿隽、？、胡适、？、赵元任、陈衡哲、胡敦复、胡明复

在康奈尔大学举行。

1919年秋天，由中国科学社社员王伯秋倡议，江苏省政府将南京成贤街文德里内一个荒芜院落里的两座旧洋房拨给了中国科学社，作为科学社的固定社所。

1920年8月，赵元任回国后，继续积极参加中国科学社的各项活动。

8月17日赵元任到达上海后，当晚即乘火车赶赴南京出席中国科学社年会。18日清晨，赵元任抵达南京，坐人力车赶到中国科学社大门，据他的日记记载：

乌拉(万岁)！中国科学社！漂亮的大门和两面旗，很漂亮的楼房……瞧，这里都是谁？胡明复、胡敦复、任鸿隽、陈衡哲、胡刚复、胡适、竺可桢、邹秉文……等等（“Hurrah! 中国科学社! A beautiful gateway two flags, fine buildings, look who is here……”）

8月18-21日赵元任出

席学术报告会、游艺活动、到后湖出游、参加董事会等等。19日上午赵元任做题为"注音字的译音标准"的报告，次日做幻灯片演讲。

赵元任出席中国科学社会议期间日记片断(8月19日片断)

"Tomorrow night is to be a lantern slide lecture scheduled for C.C.Chu. He asked me to give it. Here are the slides available, bought by Zen in N.Y.C."

明天晚上将要举行C.C.Chu的幻灯片演讲，他要求我代做，这些幻灯片是任鸿隽从纽约市买回的……

21日晚上在图书馆举行游艺会，陈衡哲主持，赵元任负责游戏及问答题，赵元任唱尽力中华、茉莉花、风筝歌，胡明復放黄石公园幻灯片……等节目，交谈到很晚。

赵元任8月22日的日记片断：

"Zen & Chen give party . A nice cosy little hall. The two are dressed better than I ever saw before. Each guest gets a 凤仙花 (looks like a rose, called Sylvia I think). All sit around. Suh Hu starts speech as ice cream is served. He distributes little envelopes to be opened all at once. Ready…… Hurray! Claps claps claps! A photograph of the two with a

前排左起：赵元任、?、?、陈衡哲、任鸿隽、?、胡适

左⑤起：胡适、陈衡哲、赵元任、任鸿隽、?、?、杨铨、?、胡敦复、胡明复

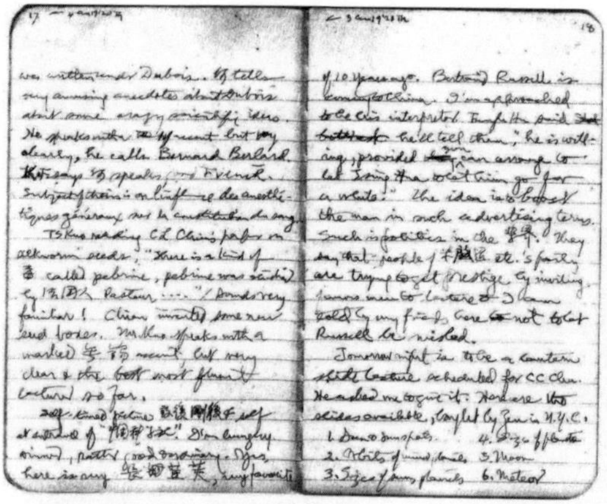

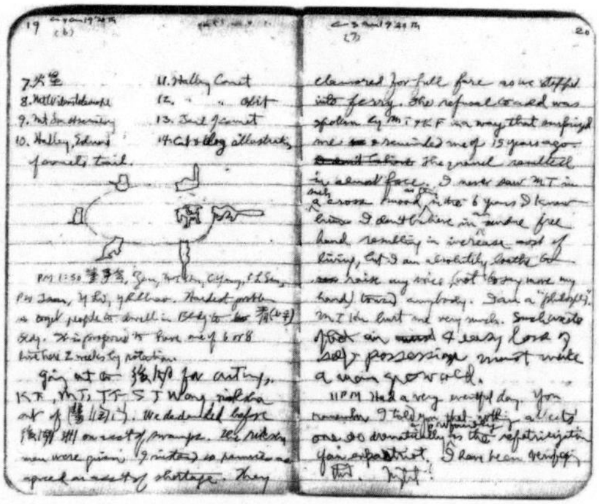

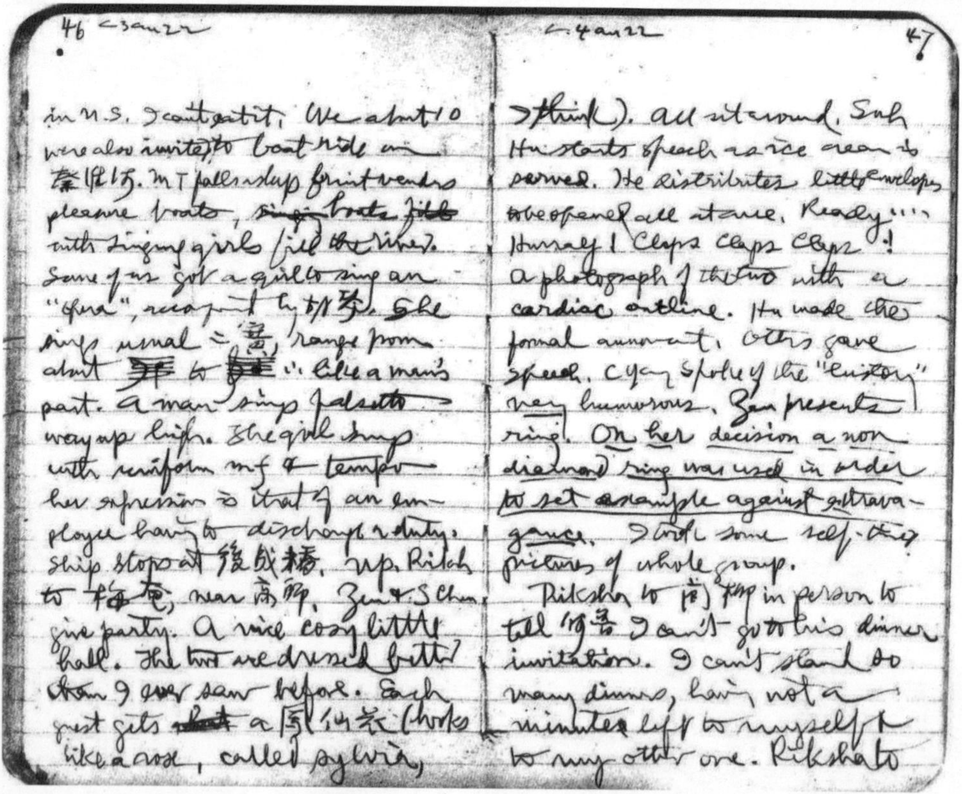

46 <3 Jan 22

in U.S. I can't eat it. We about 10 were also invited to boat ride on 秦淮河. M T falls asleep. fruit venders, pleasure boats, ~~sing boats fill~~ with singing girls fill the river. Some of us got a girl to sing an "opera", accompanied by 胡琴. She sings usual 二簧, range from about [illegible] to [illegible]. Like a man's part. A man sings falsetto way up high. The girl sings with uniform mf & tempo, her expression is that of an employee having to discharge a duty. Ship stops at [illegible]. Up. Riksha to [illegible], near [illegible]. Zen & S Chen give party. A nice cosy little hall. The two are dressed better than I ever saw before. Each guest gets ~~[illegible]~~ a [illegible] (looks like a rose, called sylvia,

<4 Jan 22 47

I think). All sit around. Soh Hu starts speech as ice cream is served. He distributes little envelopes to be opened all at once. Ready.... Hurrah! Claps claps claps! A photograph of the two with a cardiac outline. Hu made the formal announcement. Others gave speech. C Yang spoke of the "custom" very humorous. Zen presents ring. On her decision a non diamond ring was used in order to set example against extravagance. I took some self-timer pictures of whole group.

Riksha to [illegible] in person to tell [illegible] I can't go to his dinner invitation. I can't stand so many dinners, having not a minute left to myself & to my other one. Riksha to

1920年8月22日任鸿隽和陈衡哲送给朋友们的订婚照片

cardiac outline. He made the formal announcement, others gave speech. C. Yang spoke of the "history" very humorous. Zen presents ring. On her decision a non diamond ring was used in order to set example against extravagance."

日记里记载了任鸿隽和陈衡哲举行订婚聚会，胡适主持，每位客人都得到一个信封并被要求大家同时打开。每人都得到一张任鸿隽和陈衡哲的合影照片。杨铨幽默地介绍“恋爱史”任鸿隽献订婚戒指，陈衡哲强调不要钻石戒指，表示反对奢侈。

1947年胡文虎的平津之行

刘 植

上个世纪的万金油大王胡文虎，也被称作报业大王。他除了在新加坡办了《星洲日报》和《星中日报》外，还在中国大陆与香港办了《星华日报》(汕头)、《星光日报》(厦门)、《星闽日报》(福州)、《星粤日报》(广州)以及《星岛日报》(香港)。当时他很想在天津办一份《星津日报》，1947年秋季曾亲临北平和天津筹办，但因战争迅速蔓延平津，他在中国北方办一份报纸的愿望未能实现。

胡文虎平津一行是由家父刘少山全程接待的。其时，家父任东莱银行协理，东莱银行是家祖父刘子山独自创办，总行设在天津现和平路287号。家父喜爱收藏古籍，1952年无偿将其收藏的26种427册宋元善本全部无偿捐献给国家。1972年毛泽东主席作为国礼送给访华的日本首相田中角荣的《楚辞集注》(影印本)，原善本就是家父捐献的古籍之一。《楚辞集注》与另一部家父捐献的《百川学海》属海内外孤本。家父无偿捐献古籍的壮举许多报纸杂志都有所介绍。

1947年秋季，胡文虎夫妇带着他们的秘书一林姓摄影记者，由香港先抵达上海，在上海商讨了扩大上海万金油生产规模的方案后，由我的岳父、当时虎标永安堂上海分行总经理胡桂庚陪同，一行四人乘空中霸王号飞机由上海飞往北平。

他们离开上海的前一天，家父在天津接到了胡发来的接机电报，因到达北平的那天家父公事在身，就委托朋友吕卫公在北平的儿子吕久安到机场迎接。

吕卫公是清末慈禧太后时期驻德大使吕海寰的第九个儿子。吕海寰的原配夫人缠足，慈禧认为大使夫人小脚不适宜驻扎国外，于是就赐了一大脚宫女，陪同吕海寰到德国赴

(左)家父与胡文虎夫妇游览玉泉山

任。吕海寰的第八、第九、第十个儿子都是该宫女在德国时所生的。吕卫公常住天津。

被委托接机的吕久安，其岳母和陈诚的太太两人是亲姊妹，都是谭延闿的女儿。当时行政院驻平办事处的主任是谭延闿的儿子谭伯羽。由于是近亲，所以吕久安很容易向谭伯羽借了一部办事处所属的三排座大道奇，以备接待胡文虎时应用。

吕久安是一名军人，接机那天穿了军装，汽车又是行政院办事处的车，毫无疑问直接将车开进了停机坪。待胡等四人走下悬梯，吕便上前问道："您可是胡文虎先生？"胡文虎见面前站着一个年轻军人顿时一愣，可能是"兵匪不分"的思想引起了他的谨慎与怀疑，于是回答："不是，你认错人了"。吕久安明明知道自己没有认错人，但对方不认也是无奈，自感再说明受刘少山之托也无济于事，只好开空车返回。

胡文虎一行自行进城住进北京饭店后，给家父发了一封告知已抵达北平的电报。电报电文为："弟安抵平，住北京饭店，望兄来时带××万元。"电文中"望兄来时带××万元"这句话曾是我们家人经常津津乐道的话题：一位百万富翁出门不带钱要向别人借钱，一是表明他出门无需带钱，他所到的任何地方都有知己可以借到钱，而且是一笔不小的钱。更重要的是一位并不缺钱的有钱人向一位被借钱人借钱的行为，表明的是借钱人对被借钱人的极大尊重。当他与家父告别时，一张支票递在家父手中，又表明了只有知己才具有的相互信任。胡文虎和家父就是这么一对债权与债务人之间的关系，这种关系体现的不是权力与义务而是尊重与信任。

收到电报当天家父就到了北平。胡文虎先生在北平住了三天，出行都是由吕久安开道奇接送，自然双方解除了误会。三天中第一天到中南海怀仁堂拜访了时任国民政府主席北平行辕主任的李宗仁，并合影留念。第二天游览了玉泉山，第三天游览了故宫，两处游览林秘书也拍了许多照片。

三天后胡文虎先生与家父一起乘火车到了天津。造访天津是胡文虎此行主要的公务目标地，他想在天津办一份《星津日报》。他设想把办在中国大陆北方的第一份报纸放在天津，原因是天津政界和商界人物中，有许多在天津举足轻重的人是和他同样的客家人。

胡文虎在天津三天，住泰来饭店，三天中主要拜访当地客家人商谈办报事宜，拜访的客家人有天津警备司令林伟俦(cho)和天津第二大商业公司中原公司的大股东徐良。拜访林伟俦(cho)时，林邀请时任天津市市长杜建时一同会面。

家母身后是宴请胡文虎的西式餐厅，隐约可见墙上挂着李鸿章书写送给慈禧的寿字

在津期间，家父在我家设“全鳝宴”招待了胡文虎一行和他在津的客家朋友。家宴设在了我家此前从未招待过其他人的西式餐厅中进行。

胡文虎离津那一天，买的是下午到北平的最后一班火车票。中午，市长杜建时在COUNTRY CLUB (乡村会)，天津人称之为马场俱乐部，设告别宴招待。席间，交谈甚欢，举杯之间忘了时辰，突然林秘书惊叫说已来不及，赶不上到北平的那班火车了。若第二天走又赶不上飞回上海的空中霸王号飞机了。见此状，家父立即电话派人到天津东站与站长协商，站长一听胡文虎先生欲乘这班火车，就破例延迟半小时多等候。胡文虎先生到了火车站，站长在站台已等候多时，胡文虎先生与其热情握手以示感谢，受站长之邀，两人立于站台合拍了一张照片。

家父与胡文虎先生结识于1936年。1936年奥运会在德国柏林举行，家父随赴欧考察观光团与奥运代表团同乘意大利邮轮“康提梵蒂(CONTEVENDE)”号，6月26日自上海起航，7月1日中途停靠新加坡。新加坡华人各界人士组成百人欢迎团，举行招待会欢迎奥运团和观光团全体团员。百人欢迎团中有胡文虎旗下的《星洲日报》代表胡文虎之弟胡文豹和《星中日报》代表胡文虎之子胡好，从而家父结识了胡文虎一家人。胡好与家父年龄相近，自是交谈甚欢，以后胡好每凡到上海，家父必从天津赶到上海与其会面。

在新期间，家父就上海金融问题接受了上述两家报纸的采访。以前家中藏有《星中日报》采访家父的报纸，登载在该报头版，并附有家父被采访时的照片，但“文革”时这张报纸遗失，找到这张报纸一直是我的心愿。经与新加坡国家图书馆联系，对方热情地告诉我在馆藏中找到了1936年这两张报纸的缩微胶片，令我喜出望外。2014年我专程去了新加坡，在新加坡国家图书馆调出了那两卷缩微胶片，非常遗憾的是，当我将《星中日报》的那卷胶片放上阅读器时，发现胶卷已断无法阅读，问过管理员再无备份。还好《星洲日报》的胶卷保存完好。